SUPERAÇÃO PESSOAL: COMO VENCER O MEDO, DEIXAR DE PROCRASTINAR E SE TORNAR UMA PESSOA DE AÇÃO

MÉTODO PRÁTICO PARA ELIMINAR A PROCRASTINAÇÃO E MUDAR QUALQUER HÁBITO. INCLUI PEQUENAS MUDANÇAS DE HÁBITOS PARA VENCER O MEDO

STEVE ALLEN

Edição 1.0 – Setembro, 2016

Publicado por Steve Allen

Copyright © 2016 por Steve Allen

Conheça outros títulos do autor em www.amazon.com/author/pnl

CONTENTS

INTRODUÇÃO

Alguma vez você já teve que realizar uma tarefa e desperdiçou o seu tempo, literalmente, até o último minuto? Quanto tempo você gasta em atividades que não te levam a alcançar os seus objetivos?

Você passa horas assistindo a vídeos no YouTube, até que finalmente percebe que o seu prazo está acabando e começa a entrar em pânico. Você encontra alguma motivação para agir, mas não é tão fácil. Você ainda pode adiar um pouco mais, e a única diferença é que agora você está um pouco mais estressado. E chega um momento em que você encontra forças suficientes para começar e terminar uma tarefa e alcançar um bom resultado, mas este ciclo infeliz começará novamente na próxima vez que você receber uma tarefa.

Se você se identifica com esta história, você é um procrastinador, mas não é culpa sua. Este livro é projetado para dar a você o poder de mudar. Vou ajudá-lo a compreender as razões psicológicas que o levam a adiar as coisas e revelar a você técnicas poderosas, de aplicação comprovada, para ajudar a superar os hábitos atuais de procrastinação para o resto de sua vida.

Este livro contém passos para remover a programação dos maus hábitos de seu cérebro e criar mudanças em sua vida, que são pequenas, mas poderosas. Apenas ao observar o comportamento e o pensamento de uma pessoa é fácil prever o seu futuro. Este é o poder de hábitos.

Embora os hábitos possam simplificar a nossa vida, às vezes pode ser um obstáculo para alcançar os nossos objetivos, e como aparentemente é mais fácil continuar com nossos maus hábitos, eles se tornam uma âncora que impede de avançarmos. No entanto, os hábitos não são impossíveis de serem mudados. Da mesma forma que adotamos maus hábitos, também podemos adotar novos hábitos positivos para substituí-los. Nós precisamos apenas nos certificar de escolher os hábitos corretos.

A sociedade nos dita como devemos viver. Temos de conseguir um bom emprego, adquirir um bom carro e comprar uma casa grande. Em pouco tempo você mergulha em dívidas, se torna escravo de um trabalho que odeia e começa a se perguntar se esta é a vida que você queria. Eu conheço este sentimento. Eu também já passei por isso. Mas um dia eu li uma frase que mudou a minha vida para sempre: "Todo mundo morre, mas nem todo mundo vive".

Bronnie Ware, uma enfermeira que cuidava de doentes terminais, escreveu um artigo comovente chamado "Os 5 lamentos antes de morrer", baseado em sua experiência de ouvir pacientes à beira da morte, este artigo revela seus maiores arrependimentos. Estes são os cinco lamentos extraídos do artigo:

Lamento I: Eu gostaria de ter a coragem de viver a vida que eu queria e não a que os outros esperavam que eu vivesse.

Lamento 2: Eu gostaria de não ter trabalhado tanto.

Lamento 3: Eu gostaria de ter a coragem para expressar meus sentimentos.

Lamento 4: Eu gostaria de não ter perdido o contato com meus amigos.

Lamento 5: Eu gostaria de ter me permitido ser feliz.

Você concorda com algum desses lamentos? Talvez com todos?

O seu comportamento atual, o seu sucesso e os objetivos que você alcança, e que você não pode alcançar, se devem aos hábitos que estão programados em seu cérebro. Este livro permitirá a você romper as correntes que impedem o seu pleno desenvolvimento. Espero que você goste.

Este livro é para você?

A procrastinação ou postergação é a ação de atrasar ou adiar algo importante. De acordo com estudos recentes, a pessoa ocidental gasta, em média, 2,8 horas por dia procrastinando. Permita-me enfatizar. São 2,8 horas por dia perdidas em maus hábitos. Mesmo não incluindo tempos de intervalo ou descanso, isso equivale a 45 dias desperdiçados a cada ano.

Imagine que você poderia tirar umas férias exóticas nos últimos 45 dias do ano com a mesma carga de trabalho que você tem agora. Ou o quanto mais você poderia avançar na conquista dos seus objetivos com todo esse tempo extra. A boa notícia é que a procrastinação não é difícil de vencer.

A melhor maneira de vencer os maus hábitos de procrastinação é substituindo por bons hábitos. Os bons hábitos e as estratégias apresentadas neste livro têm sido comprovados que funcionam, uma vez que são utilizadas pelas pessoas mais produtivas e bem-sucedidas do mundo. No entanto, tenho uma advertência. Embora eu tenha pesquisado meticulosamente as pessoas mais bem-sucedidas do mundo, tenha estudado a ciência e a psicologia por trás de procrastinação, e eu tenha relatado estas informações valiosas neste livro, esses hábitos não são mágicos. A leitura deste livro, por si só, não vai curar a procrastinação.

Pense no conteúdo deste livro como a tinta da mais alta qualidade para pintar a tela de sua vida. Mas ainda é você quem controla o pincel. Vou lhe dar o conhecimento e as ferramentas para criar uma obra-prima com a sua vida, mas os resultados não são grátis. É necessário que você se comprometa com o conhecimento e os hábitos apresentados neste livro, e vai ganhar 1.072 horas por ano. Se você não está disposto a colocar o esforço necessário, não faz sentido continuar com esta leitura. No entanto, se você estiver disposto a dar o primeiro passo e alcançar níveis que nem sequer pensava ser possível, então este é o lugar e o momento perfeito para começar.

Como este livro está estruturado

Com o objetivo de fazer com que você compreenda facilmente as informações contidas neste livro, eu as organizei em 4 seções. Cada seção é dedicada a um dos 4 pilares que vão ajudar você a implementar uma mudança em sua vida. Os capítulos são:

- O que são os hábitos
- As causas da procrastinação e as técnicas de poder
- Como criar e modificar seus hábitos
- Pequenas mudanças de hábitos para vencer o medo, superar a preguiça e ser uma pessoa altamente produtiva.

PART I

O QUE SÃO OS HÁBITOS

Os hábitos são rotinas de comportamentos que apresentamos de forma repetida, e que tendemos a executar sem pensar muito sobre isso. O hábito também pode ser definido como a maneira como uma pessoa pensa, age ou sente.

Os hábitos são considerados inconscientes ou involuntários, porque uma pessoa não costuma analisar como pensa, sente ou age, cada vez que vai fazê-lo. Um exemplo simples e perfeito é escovar os dentes. Por ser um hábito você o faz de forma natural, e escova os dentes sem precisar analisar cada passo. E quando você se esquece de escovar os dentes, você sente que está faltando algo.

Normalmente, o nosso cérebro constrói hábitos a fim de alcançar um objetivo positivo, mas alguns hábitos podem ser prejudiciais para a nossa saúde, podem diminuir nossa produtividade, ou podem afetar, negativamente, outras áreas da nossa vida.

Por que os hábitos são difíceis de mudar?

A dificuldade na mudança de hábitos se dá pelo fato de que eles são executados de maneira inconsciente e involuntária. Nosso cérebro criou conexões neurais que são ativadas sempre que experimentamos situações específicas. Os padrões de comportamento foram registrados em nosso cérebro para que possamos "agir sem pensar." No entanto, apesar desta condição, ainda é possível modificar, apagar ou adotar novos hábitos.

Quanto tempo é preciso para desenvolver um hábito?

Há um mito de que os hábitos são formados quando você os repete, de forma consistente, por 21 dias. No entanto, isso nem sempre é verdade. De acordo com algumas pesquisas, a média de dias que um indivíduo deve praticar, de forma consistente um comportamento, antes que ele se torne automático (dependendo da complexidade do comportamento a ser desenvolvido) é de 60 dias. Outras pesquisas mostram que é necessário entre 18 a 250 dias. De qualquer maneira, independentemente do tempo necessário, o fator mais importante para a mudança de comportamento é a consistência.

Como saber se um hábito é bom ou ruim?

Isto é difícil devido ao fato de que os hábitos serem inconscientes e fazerem parte de nosso repertório comportamental. Normalmente não achamos que eles são ruins. Afinal nosso cérebro os mantém porque eles têm algum efeito positivo. No entanto, um bom critério a ser considerado é o possível efeito prejudicial para nós mesmos ou para as pessoas ao nosso redor. Por exemplo, adiar algo (ou procrastinar) pode ser visto como algo bom para a pessoa, porque pode fazer outras coisas que gosta mais, em vez do que se supõe que deveria fazer. No entanto, pode ser prejudicial no sentido de que não está alcançando os seus objetivos.

Por que desenvolver hábitos se eles nem sempre são bons?

Lembre-se que os hábitos são executados inconscientemente e involuntariamente, o que significa que requer pouca ou nenhuma capacidade cerebral. Sem motivação, necessidade ou vontade de realizar. Então, imagine os benefícios que você teria se desenvolvesse hábitos que promovam sua boa saúde ou aumentem a sua produtividade. Uma vez que você aprender a desenvolver hábitos positivos você será capaz de superar quaisquer dificuldades psicológicas, físicas e emocionais.

PART II

AS CAUSAS DA PROCRASTINAÇÃO E AS TÉCNICAS DE PODER

O que é uma técnica de poder?

Neste capítulo, você vai aprender hábitos especiais chamados técnicas de poder. Uma técnica de poder é diferente de um hábito comum. Por quê? Porque os hábitos comuns soam bem inicialmente, mas quando chega a hora de colocá-los em prática sempre parece que perdemos a motivação ou a perspectiva de nossos objetivos.

Neste livro não aconselho a você nenhuma das soluções comuns que simplesmente não funcionam. Há muitas técnicas e hábitos com nomes fantasia que, na prática, são inúteis. A razão pela qual estas estratégias não funcionam é porque não motivam nem educam sobre as causas reais do porquê adiamos as coisas. Essas estratégias são como colocar um band-aid em uma picada de cobra. São soluções paliativas que não lidam com o problema real. Vamos ver as três principais causas da procrastinação e as técnicas para combatê-las.

CHAPTER 1
CAUSA DA PROCRASTINAÇÃO 1: DOR X PRAZER

O primeiro fator e, certamente, o mais influente, é o equilíbrio de dor - prazer que você associa com cada uma de suas decisões.

Você escolhe assistir televisão ou terminar um relatório?

Uma vez que as complexas camadas do processo de tomada de decisão são retiradas, você fica apenas com estas duas forças que criam as bases que motivam cada uma de suas decisões. O desequilíbrio destas duas forças é o que faz com que você tome a decisão de avançar para os seus objetivos ou que não tome decisão alguma.

A psicologia de tomada de decisão indica que você vai evitar tudo o que gera dor, e vai buscar tudo que gera prazer.

Portanto, a motivação é determinada pela quantidade de dor e prazer que você associa as suas opções.

Deixe-me mostrar com um exemplo.

Você tem um projeto que deve terminar em 9 dias. Você vai precisar de cerca de 20 horas para terminar, e após fazer alguns cálculos rápidos você percebe que tem 216 horas antes da conclusão. Agora você se depara com a mesma decisão que você deve tomar em todos os seus projetos. Você termina o projeto agora ou você folga o resto da semana e faz qualquer outra coisa? Ou você trabalhar no projeto nos próximos oito dias alternando com o tempo gasto no Facebook, YouTube, TV, etc.?

Os procrastinadores sempre escolhem o segundo caminho. Isso é porque eles percebem mais dor do que prazer quando iniciam seu projeto com antecedência. Para ajudar a entender este princípio, usamos uma dimensão ou espectro de medida. A quantidade de prazer é medida em uma escala de 1 a 10 (sendo 1 menos agradável e 10 mais agradável), e a quantidade de dor em uma escala de -1 a -10 (-1 menos dolorosa e -10 mais dolorosa).

Em nosso exemplo, a ação de iniciar o projeto com antecedência vai ter uma pontuação muito baixa de prazer, digamos 2, uma vez que é difícil identificar os reais benefícios, a longo prazo, de realizar esta atividade. A pontuação de dor da mesma ação pode ser em torno de -9, sabendo que seus amigos estão no Facebook, e está passando o seu programa favorito na televisão.

Com o objetivo de encontrar a sua pontuação de motivação adicionamos as duas pontuações (+ 2 -9), o que dá uma pontuação de motivação de -7, que está bem abaixo do limite de ação 0. Portanto, você não vai tomar nenhuma atitude.

No entanto, a medida que os dias passam, pouco a pouco você se sente, cada vez mais, obrigado a iniciar. Isto ocorre porque a sua pontuação de dor começa a diminuir lentamente à medida que se aproxima do prazo limite, ao mesmo tempo que a sua pontuação de prazer começa a aumentar à medida que você começa a ver os benefícios de eliminar o estresse deste projeto de sua mente.

O ponto em que você finalmente "deve" agir é quando a sua pontuação de motivação quebra o limite de 0 e se torna um número positivo. Uma vez que a tarefa rompa esse limiar, então, para a sua mente se converte em uma ação positiva que você quer adotar.

Isso significa que mudar suas opções não é questão de capacidade, é apenas uma questão de motivação. Mas o verdadeiro valor de todo este processo reside na pergunta: Como ganhar estímulo motivacional? Como podemos ter acesso ao nosso painel de controle de motivação para influenciar a nossa tomada de decisão? É realmente muito simples.

Conscientemente você deve atribuir uma dor enorme ao fato de não tomar nenhuma atitude, e um enorme prazer ao agir de imediato.

As 3 primeiras técnicas de poder irão mostrar a você como assumir o controle sobre as suas associações de dor e de prazer. Não espere que a vida ou que outras pessoas façam isso por você.

Este é o segredo para deter os seus hábitos de procrastinação e alcançar os seus objetivos.

Técnica de poder 1: Mude o seu foco

Se você quer superar seus maus hábitos de procrastinação e alcançar resultados surpreendentes, você precisa mais do que apenas as estratégias de gestão de tempo genéricas que todos recomendam. Você tem que mudar à sua maneira de pensar, a fim de criar um sistema que altere imediatamente a sua abordagem, e, assim, alinhar os seus interesses com as ações desejadas.

Para começar, em vez de se concentrar no que você precisa fazer, você deve colocar seu foco no que você realmente quer alcançar. Qual é a sua meta? Você quer ter 44 dias livres a mais, por ano, para fazer o que quiser? Ou você prefere gastar esse tempo lendo as notícias do Facebook?

Ao ter uma compreensão clara dos resultados desejados e concentrar-se constantemente neles, você vai mudar imediatamente o seu comportamento.

Vamos desenvolver isso em um exemplo mais específico.

Você está decidindo entre limpar a cozinha, já que você acabou de jantar, ou sentar e assistir televisão. Em que você está focado? Você está pensando que vai gastar 30 minutos do seu precioso tempo para lavar os pratos sujos (isso vai dar uma pontuação próximo a -10 pontos)?

Ou você está pensando em como será maravilhoso ter a cozinha limpa? Imagine que você vai terminar de lavar a louça suja e depois sentar-se em frente da televisão, sabendo que você concluiu todas as suas tarefas do dia (isso vai dar uma pontuação de cerca de 8 pontos).

Como você pode ter notado, temos utilizado exatamente a mesma atividade para criar dois cenários com pontuações de motivação totalmente diferentes. Os elementos que você usa para enquadrar a situação e as características em que coloca o seu foco, vai dar uma perspectiva diferente, uma motivação diferente, e, finalmente, um resultado diferente. Se você quiser se aprofundar mais em como funciona o cérebro e aprender outras técnicas de reprogramação, eu recomendo ler meu livro "Reprograme seu cérebro com PNL - O manual do usuário do cérebro".

Ao focar nos resultados que deseja você vai encontrar o caminho certo para alcançar os seus objetivos e ainda terá sucesso em um espaço de tempo menor do que o esperado.

Pense em uma atividade que você está procrastinando. Pegue um lápis e papel e escreva todos os resultados positivos que envolvem a sua decisão. Escreva em uma lista e se concentre no prazer que terá ao realiza-la. Isso vai ajudá-lo a mudar a sua pontuação de motivação para acima de 0, à medida que você já não se concentrar nos elementos de dor. Se você ainda não estiver na posição 0 (se ainda não estiver motivado a agir), combine esse hábito com o seguinte fim de superar o limite (0).

Técnica de poder 2: Crie um ambiente de empoderamento

Uma das principais razões pelas quais as pessoas têm um desequilíbrio entre a dor e o prazer, e escolhem adiar, é por causa da falta de consequências (Punição - Recompensa) para a tomada de decisões.

Pense sobre a última vez que você procrastinou uma atividade. Eu vou fazer uma suposição extrema, e vou assumir que não havia ninguém apontando uma arma para sua cabeça, gritando que você deveria executar a tarefa, senão iria puxar o gatilho. Estou certo disso, porque senão você não teria procrastinado. Neste exemplo, o ambiente (embora extremo) é propício para completar o seu trabalho. Isso ocorre porque a consequência de não o fazer é a morte. O limiar da dor é um retumbante -10. Este exemplo mostra que, no ambiente certo você não postergará algo nunca mais.

Agora vamos mudar um pouco o cenário. Imagine que você tem o mesmo projeto e deve terminar em 9 dias. No primeiro cenário hipotético você está em meio de uma festa incrível, e você está tendo o melhor momento da sua vida e em contrapartida você está tentando completar a tarefa 8 dias antes da data de expiração. Não será fácil, não é?

Agora remova todas as pessoas, luzes, música e o álcool. Substitua todas essas distrações com os corredores dos livros, silêncio, e pessoas estudiosas que trabalham em seus próprios projetos. Você está em uma biblioteca e, como você deve ter notado, a mesma tarefa se tornou algo surpreendentemente fácil de fazer.

No entanto, temos de perceber que o meio ambiente não é apenas a atmosfera onde você está, mas também os elementos " micro ambientais " a que você está exposto. Você tem acesso ao Facebook? Algum amigo está convidando você para ir à praia? Você deixa a televisão ligada ao fundo e sempre se distrai com ela?

Com o objetivo de conseguir o controle de seu ambiente e alcançar os seus objetivos você precisa descobrir exatamente o que o distrai em seu ambiente, e quais itens você pode incluir para ajudá-lo a tomar as decisões corretas. Veremos a seguir, algumas sugestões de mudanças ambientais que são usadas por algumas das pessoas mais produtivas do mundo.

Estratégias para aumentar a pontuação da dor por não realizar uma tarefa

Queima de dinheiro

Esta é uma das melhores estratégias que eu encontrei e me fez escrever este parágrafo numa terça-feira às 02h36 min da madrugada.

Em primeiro lugar, escolha uma meta que seja difícil para ser concluída. Em segundo lugar, defina uma quantidade de dinheiro que seja importante para você. Pode ser $10 dólares, talvez $50 ou $100. Você saberá que você definiu a quantidade certa quando você sente que seria devastador perder esse dinheiro. O terceiro passo é simples. Complete o seu objetivo dentro do prazo ou queime o dinheiro. O elemento "queima" é crucial nesta estratégia, uma vez que implica em uma pontuação de dor muito maior do que simplesmente dar para um amigo ou doar para a caridade.

O controle do tempo

Ler um relatório de seus hábitos de procrastinação é uma coisa muito dolorosa de se fazer. No entanto, é necessário. A melhor maneira de fazê-lo é manter um pequeno diário com a descrição precisa das atividades que consomem a maior parte do seu tempo durante o dia. Se você gosta de tecnologia você pode instalar o aplicativo "RescueTime", embora seja em Inglês, eu gosto porque ele oferece relatórios diários e semanais de todas as suas atividades.

A melhor parte deste método é que uma vez que você sabe que está se monitorando, subconscientemente para de procrastinar.

Estratégias para aumentar a pontuação de prazer ao agir

Se recompense

Da mesma forma que a queima de dinheiro é uma punição para aumentar a sua pontuação de dor, se recompensar aumenta o prazer de tomar atitude. Imagine por um momento que alguém vai dar um milhão de dólares para terminar a sua tarefa na hora. Eu acho que você ficaria feliz em terminar o seu trabalho, até muito antes da data de vencimento.

Embora não seja um milhão de dólares, ter uma recompensa para atingir a meta, é uma maneira muito eficaz de aumentar a pontuação de prazer.

Desligue seu telefone celular

As distrações tornam difícil alcançar os nossos objetivos. Então, por que não as eliminar? Desligue o telefone celular por 15 minutos. Com o passar do tempo você vai notar que é chato não fazer nada e a tarefa, que tem sido procrastinada, se tornará mais agradável.

Um fato muito importante a lembrar é que a tarefa se prolongará para preencher todo o tempo que você tem disponível. Controle o seu tempo e você ficará surpreendido com quanto tempo você pode ganhar.

Técnica de poder 3: Encontre um parceiro de prestação de contas

Um parceiro de prestação de contas é alguém a quem você pode prestar contas de seus objetivos. Esta técnica de poder nos manterá no lado positivo da nossa escala de motivação.

Esta técnica cria uma expectativa social e nos faz sentir a responsabilidade de não decepcionar alguém próximo. Como resultado, é mais provável que nos mantenhamos alinhados com os nossos objetivos. Combine esta técnica com a técnica de manter a abordagem correta e manter um ambiente produtivo (usando recompensas e punições) e eu garanto que você vai fazer aquilo que você tem sendo procrastinador.

No entanto, estamos apenas começando a curar o nosso hábito de procrastinação. Agora vamos ver o segundo fator principal que faz com que as pessoas tenham a tendência de procrastinar ao invés de tomar posição e agir.

CHAPTER 2
CAUSA DA PROCRASTINAÇÃO 2: SOBRECARREGADO

Alguma vez você já se viu diante de alguma tarefa que você não tinha ideia de como começar? Você já teve que fazer algo que deixa você entediado por ser monótono? Estes são problemas comuns na vida, e são a segunda principal causa da procrastinação.

Você pode se sentir sobrecarregado, quando está diante de uma tarefa chata, demasiado longa, ou às vezes, por não ter o conhecimento necessário. A sensação de não saber por onde começar é uma situação desagradável que todos nós passamos em algum momento. Curiosamente, os mais afetados por este mal, são os perfeccionistas. Um perfeccionista prefere nem mesmo começar a fazer algo, diante da possibilidade de fazer mal feito.

Técnica de poder 4: O processo 80/20 para a tomada de decisões

O princípio de Pareto, também conhecido como a regra 80/20 ou a lei dos poucos vitais, é bem conhecido hoje em dia. Este princípio estabelece que 80% dos resultados são gerados pelos 20% das causas. Esta regra é um princípio universal e pode ser aplicada em quase, qualquer situação que você possa imaginar.

No mundo dos negócios, isso significa que 80% de suas vendas vêm de 20% de seus produtos. No nosso caso de procrastinação, significa que apenas 20% de nossos esforços irão gerar 80% dos resultados desejados.

É muito importante compreender esse princípio quando enfrentamos tarefas que nos intimidam pelo tamanho ou conteúdo. Normalmente existe um ponto de inflexão no cumprimento da tarefa, digamos, 60%, que, se alcançarmos, obteremos um impulso extra de motivação para executar o restante. Nosso objetivo inicial deve ser identificar quais as tarefas (20%) que geram os resultados mais positivos (80%)

Técnicas de poder 5: Tabela de pendências (visão de pássaro)

Ter clareza é poder. Como você descobriu, se sentir sobrecarregado por causa de uma tarefa se deve, em grande parte, à falta de compreensão, seja das exigências do trabalho ou da melhor maneira de realizá-lo. Definitivamente a minha técnica favorita para superar este dilema é chamada de "visão de pássaro". Embora você não remova completamente a sua carga, sentirá alívio por dividir a tarefa em segmentos de fácil assimilação.

A tabela da visão de pássaro classifica as tarefas e as sub tarefas em ordem cronológica para que possamos ver as etapas e a ordem exata em que as devemos executar. A vantagem deste método é que você também pode obter uma indicação do seu progresso, o que aumenta o sentimento de realização que você experimenta à medida que completa cada passo.

Por exemplo, aqui você pode ver a tabela que eu fiz para escrever este livro. É melhor ter entre 3 e 8 categorias principais. Este livro foi dividido em 6 categorias principais:

1. Introdução
2. O que são os hábitos
3. As causas da procrastinação
4. Como modificar hábitos
5. Pequenos hábitos
6. Conclusão

Em seguida, você pode dar um passo a mais e escrever cada sub tarefa que você precisa realizar em cada categoria, e as relacionar na ordem em que você deve completar. Use a regra 80/20 para definir uma ordem adequada.

O produto final será uma descrição detalhada, do que antes era uma tarefa enorme, em uma lista de tarefas, fáceis de manusear e de completar, uma a uma. Esta decomposição é simples, mas não subestime a sua utilidade.

Embora esta técnica seja muito útil, pode ser que você ainda não se sinta totalmente motivado para começar as pequenas tarefas. Veremos em seguida como identificar os fatores que desencadeiam a sua inspiração.

Técnica de poder 6: Encontrar uma inspiração que seja legítima

Você se lembra de um momento em que você estava disposto a dar tudo o que fosse necessário para alcançar os seus objetivos? Aquele momento não é diferente deste momento em que você está lendo esta frase. O estado mental de poder que você estava quando planejou seus objetivos inicialmente é diferente do estado mental em que se encontra uma semana mais tarde, quando seus objetivos não parecem tão importantes, ao observar que estão transmitindo o seu programa favorito na televisão. Obviamente, o seu cérebro sucumbe diante dessa nova perspectiva e os seus objetivos parecem insatisfatórios, o que lhe obriga a procrastinar as coisas.

Assim, o grande segredo para se manter no caminho para alcançar seus objetivos é descobrir quais os fatores que o levaram ao estado mental de poder que você tinha inicialmente. Então, podemos identificar e reproduzir os estímulos para que suas emoções estejam sob seu controle o tempo todo.

Como podemos fazer isso?

Basta descobrir o que o inspira. Provavelmente você já sabe. Cada pessoa tem seus próprios fatores de inspiração.

Como você pode encontrar os fatores que desencadeiam a sua inspiração e assumir o controle de sua própria motivação?

Pense na última vez que você se sentiu motivado e agiu. O que causou esta dinâmica? Você estava de pé em frente a um espelho e percebeu que tinha que começar a trabalhar mais? Você estava ouvindo um certo tipo de música? Ou você estava verificando sua conta bancária e pensou em como queria que ela estivesse?

Pegue uma caneta e papel e comece a escrever uma lista de 5 a 10 coisas que você acha que serão úteis para criar um clima de motivação. Será um processo de tentativa e erro para descobrir as suas inspirações legítimas.

Técnica de poder 7: Fazer as perguntas certas

A qualidade das perguntas que você faz determina a qualidade da sua vida. Essas perguntas fazem com que você direcione o seu foco mental, e, portanto, determinam o que você pensa e como se sente. O que você sente sobre seus objetivos e motivações depende das perguntas que você faz constantemente, talvez inconscientemente.

Se você está fazendo perguntas sem poder, obterá respostas sem poder. Por exemplo, se você se pergunta: por que minha vida é uma droga? Ou: Por que meus projetos sempre são chatos? Você vai racionalizar estas questões e seu cérebro vai encontrar respostas que as tornem válidas. Por exemplo, você pode pensar que é "porque você merece" ou "porque o seu chefe te odeia." Outra alternativa é você fazer perguntas inspiradoras e poderosas para gerar respostas igualmente inspiradoras e poderosas. Por exemplo, se você se perguntar: O que posso conseguir se eu executar esta tarefa da forma mais eficiente possível? Obterá uma resposta motivadora como "Eu vou aprender a fazer as coisas de forma mais eficaz e no futuro eu vou economizar várias horas do meu tempo."

Vejamos 5 perguntas destinadas a superar a procrastinação que eu quero que você responda (em sua cabeça ou em um papel). Pense nas coisas que você está procrastinando e responda as seguintes perguntas:

1. Que distrações ou obstáculos eu tenho em meu caminho que posso remover?
2. O que posso alterar em meu ambiente para tornar essa tarefa mais interessante?
3. Se eu concluir esta tarefa agora onde eu estarei em 3 meses?
4. Se eu não realizar esta tarefa onde eu estarei em 3 meses?
5. O que posso fazer para aumentar minha motivação para uma pontuação 10? Confie que

isso é possível em qualquer tarefa. Se você não
pode chegar a 10, tente, pelo menos, chegar a 5.

Se você realmente quer ver diferença na forma como
percebe os acontecimentos em sua vida, faça essas
perguntas serem parte do seu ritual diário. Constantemente
você deve fazer a si mesmo estas perguntas e vai descobrir
que tem a capacidade de chegar aos estados e fontes de
motivação que precisa. Comece a criar autopistas mentais
que levem você, de forma mais rápida, a pensamentos de
felicidade, excitação, prazer, gratidão, orgulho e compromisso com suas tarefas, independentemente de quão assus-
tadoras elas pareçam.

CHAPTER 3
CAUSA DA PROCRASTINAÇÃO 3: PREGUIÇA

O autor francês Jules Renard escreveu uma vez "A preguiça não é nada mais do que o hábito de descansar antes de se cansar". Esta causa de procrastinação é bastante autoexplicativa e, por isso, essa descrição será um pouco mais breve do que a descrição anterior.

Preguiça é a relutância em iniciar uma atividade, mesmo que você tenha a capacidade de fazê-la, por causa da procrastinação. Você prefere tomar o caminho mais fácil no momento, em vez de tomar o caminho certo que o levará aos seus objetivos. A maneira mais fácil é a procrastinação.

A preguiça é realmente inerente ao ser humano e a todos os animais. No princípio, foi parte do instinto de sobrevivência, porque precisávamos guardar nossas energias para o momento em que estávamos em perigo. No entanto, hoje em dia, é uma das características mais indesejáveis.

A boa notícia é que, mais uma vez, tudo se resume a falta de motivação para completar uma tarefa. Então vamos ver mais 3 técnicas de poder para ajudá-lo a superar a preguiça inerente.

Técnica de poder 8: Dê um nome

Não há dificuldades, apenas desafios. Esta mudança sutil no vocabulário gera uma mudança radical na motivação para superar o desafio que está diante de você. A maioria das pessoas gostam dos desafios, e quando eles têm a oportunidade de se desafiarem, superam a preguiça e se sentem orgulhosos por isso.

Desafios são um dos hábitos mais úteis que eu uso quando quero alcançar um objetivo. Eu sou uma pessoa competitiva e tento vencer qualquer desafio, não importa o custo.

Uma ótima maneira de fortalecer esse hábito é dar nomes bobos ou estranhos aos desafios. Por exemplo, enquanto eu estou escrevendo este livro eu sou parte da "missão escreve Forrest, escreve". Não há nada especial em escrever um livro, mas, tenho este objetivo e, ao dar um nome bobo repetidamente, sou o único no mundo envolvido neste desafio e eu não me atreveria a perdê-lo. Ao converter um alvo em uma missão o objetivo se torna real e também engraçado, até mesmo um pouco divertido, que pode melhorar a atitude com que enfrentamos essa tarefa. Se você não consegue encontrar um nome para o desafio, acrescente as palavras "supersecreto" ou "missão" e você vai se surpreender com a nova percepção da tarefa em questão.

Técnica de poder 9: Basta fazê-lo

Um pesquisador da Universidade de Stanford, chamado BJ Fogg, determinou que a maneira mais eficaz para começar a usar o fio dental é se comprometer a usar fio dental em somente um dente. Pode parecer bobagem, mas o compromisso de usar o fio dental em um dente só, é muito menor do que usá-lo em todos os dentes, por isso é menos esmagador e não gera preguiça. Afinal de contas, o uso do fio dental em um dente dura apenas cerca de 12 segundos do seu tempo. O truque é que quase ninguém vai parar depois de usá-lo em um dente.

As tarefas que nos propomos sempre têm um "gatilho" que nos faz perceber que, desta forma, criamos hábitos que nos ajudam a alcançar nossos objetivos. Vejamos alguns exemplos e o que desencadeia.

- Quer ir para a academia? Se comprometa a executar apenas 5 repetições de um determinado exercício.
- Quer lavar os pratos? Se comprometa a lavar um só prato.
- Quer ler um livro? Se comprometa a ler apenas uma página.

Ao começar com uma pequena meta você elimina o maior obstáculo, da preguiça, e toma o caminho que o levará a alcançar seus objetivos.

Técnica de poder 10: Missão de 21 dias

Se você estiver realmente comprometido em superar a preguiça e consequentemente os seus hábitos de procrastinação, esta é a técnica perfeita para conseguir. Para começar, primeiro precisa definir com precisão e clareza o objetivo que você deseja alcançar. Certifique-se de que você sabe exatamente o que você quer alcançar, de forma a alinhar todos os seus hábitos e ações para essa finalidade. Você também deve se certificar que seu objetivo é mensurável.

Por exemplo, você pode querer perder 2 kg nas próximas 3 semanas.

Em segundo lugar, você deve definir um conjunto de 3 hábitos diários para ajudar você a alcançar os objetivos que definiu. Seguindo o exemplo acima, se o seu objetivo é perder 2 kg em três semanas seus hábitos podem ser uma caminhada de 15 minutos todas as noites, fazer 20 abdominais e beber 2,5 litros de água por dia.

Em seguida, coloque estes 3 hábitos em um eixo vertical de um gráfico, e no eixo horizontal, escreva os dias de 1 a 21. No final de cada dia você deve marcar com um X o que você fez. A ideia é que você faça os 3 hábitos todos os dias. Depois que você iniciou a sua cadeia de X, a sua missão é não quebrar esta cadeia.

Esta é uma grande estratégia que mantém a sua atenção nas tarefas reais e ter como meta não quebrar a cadeia. Quanto mais tempo passar, mais forte será o seu sentimento de não querer quebrar essa cadeia. No entanto, isso não será fácil. Lembre-se que estamos trabalhando para criar uma nova identidade com novos hábitos, o que é uma das coisas mais difíceis de se fazer. Quando você rotula a si mesmo como uma pessoa preguiçosa está criado uma profecia auto cumprida e, inconscientemente, assume essa identidade.

Seu desafio começa agora e você não pode se permitir adotar qualquer rótulo depreciativo. Se você fez a leitura do livro até aqui você pode sentir-se orgulhoso. Você está no caminho para se tornar uma pessoa de ação, e se aplicar o que aprendeu, fará parte do grupo de elite que tem um extra de 1.072 horas por ano.

PART III

COMO CRIAR E MODIFICAR OS SEUS HÁBITOS

No capítulo anterior vimos as técnicas específicas para superar a procrastinação. Neste capítulo eu vou mostrar a você como criar e modificar qualquer hábito em sua vida. Pode ser difícil mudar um hábito, especialmente se você não sabe por onde começar, mas ao concluir este capítulo você, finalmente, será capaz de mudar as suas respostas indesejadas. O processo de formação dos hábitos pode ser dividido em três partes:

- **O gatilho:** Também conhecido como o sinal. É a situação prévia que produz o comportamento que se tornou um hábito. Por exemplo, as pessoas que compram compulsivamente o fazem quando podem facilmente acessar o seu dinheiro ou cartões de crédito. Cada pessoa tem um "alarme" específico que detona a sua resposta.

- **O comportamento:** Este é o hábito ativado pela presença do gatilho. Ele é executado automaticamente.

- **A recompensa:** Nosso cérebro mantém cada um dos nossos hábitos, porque recebe algum benefício depois de realizá-los. Usando o exemplo acima, a pessoa que sofre desse problema pode continuar comportando-se assim, porque se sente bem cada vez que compra algo novo.

Todos os tipos de hábitos têm estes três componentes. Portanto, a primeira tarefa que você deve executar, se quiser alterar ou eliminar um de seus comportamentos conflitantes, é identificar o gatilho para a ação indesejada e as recompensas que reforçam a repetição de comportamento.

No que ajuda conhecer o gatilho de um hábito?

Como eu já mencionei, o gatilho é o que inicia um comportamento ou hábito. Aqueles que só se concentram em mudar o comportamento conflituoso sem conhecer o seu gatilho, certamente falhará em cada uma das suas tentativas.

O processo para identificar o gatilho começa em simplesmente fazer uma lista de momentos em que sente o desejo de mostrar um comportamento conflitante. Esta será uma lista muito útil, pois lhe permitirá determinar a frequência do gatilho e encontrar outras situações que também podem estar causando o comportamento. Além do mais, graças ao fato de simplesmente escrever os gatilhos, você vai se tornar mais consciente de suas ações o que, em certo grau, enfraquecerá o seu hábito (uma vez que inicialmente era uma resposta automática).

CHAPTER 4
INCLUINDO UMA NOVA ROTINA

A pós determinar qual é o gatilho e estar ciente da sua existência, o próximo passo é alterar o comportamento principal. A consciência que esse processo lhe dá também lhe permite escolher um comportamento diferente. Por exemplo, se você está consciente do momento em que o desejo de fumar aparece, será mais fácil adotar um comportamento diferente do que está acostumado. Este é o melhor momento para mudar o seu repertório de comportamentos.

Usando esta técnica com frequência, você vai descobrir normalmente, diversos comportamentos alternativos para substituir o comportamento que deseja mudar. Por exemplo, suponhamos que você seja um fumante. Algumas das ações que você pode fazer (além de fumar) poderia ser comer um doce, beber água, ou até mesmo conversar com alguém, até que o desejo de fumar tenha desaparecido. Estes comportamentos alternativos, quando adotados constantemente, ajudam a desenvolver um novo padrão de comportamento substituindo a resposta anterior para que reaja com o mesmo gatilho.

Mantenha a recompensa

Para que a nova resposta se torne um hábito, esta deve produzir uma recompensa semelhante ou igual ao comportamento anterior.

Lembre-se de mudar o que deve gerar a resposta ou o comportamento, mas a recompensa deve ser mantida.

CHAPTER 5
OS HÁBITOS E VÍCIOS

No capítulo anterior vimos que os velhos hábitos são difíceis de ser removidos, por se tratar de padrões de comportamento que estão gravados nos circuitos neurais. O "fenômeno" dos hábitos começa com o "manuscrito cognitivo", que se refere aos pensamentos automáticos e inconscientes, que as pessoas sempre têm quando se encontram em determinada situação. Quando esta situação é experimentada várias vezes, as pessoas tendem a dar uma resposta com base em um comportamento gravado, sem pensar. Isto é o que chamamos de hábitos.

Vamos nos concentrar por um momento nos maus hábitos. Eles começam como atividades agradáveis que as pessoas tendem a repetir, apesar das advertências ou do conhecimento dos efeitos ou do impacto negativo que terão. Isso acontece porque, cada vez que fazemos algo que nos causa prazer, o nosso cérebro libera dopamina, que é uma recompensa de prazer para o cérebro, nos estimulando a repetir a atividade até que se torne habitual.

O próximo passo é aterrorizante. De acordo com a Dra. Nora Volkow, diretora do Instituto Nacional de Abuso de

Drogas nos Estados Unidos, os maus hábitos que se tornaram vícios (tais como abuso de drogas, alcoolismo, tabagismo e comer em excesso) alteram o cérebro fisicamente. Isto significa que, para deixar um mau hábito, literalmente, precisa de uma reprogramação do cérebro. Depois de anos de estudos dos cérebros de viciados em drogas, a Dra. Nora Volkow concluiu que a dependência tóxica é uma doença crônica. "As drogas mudam o cérebro, essas mudanças são de longo prazo e persistem por um longo período de tempo após a pessoa ter deixado de consumir a droga."

A possibilidade de eliminar um vício só é viável se o córtex frontal do cérebro estiver intacto. Esta é uma parte do cérebro que desempenha um papel essencial no livre arbítrio do indivíduo. Uma pessoa com o córtex frontal danificado já não terá vontade de escolher.

Mas há mais. Mesmo que um viciado em drogas ou um alcoólatra rompa com o hábito, ainda está em perigo de cair. Por quê? Porque na realidade, de acordo com os estudos realizados pelo Instituto de Tecnologia de Massachusetts (MIT por sua sigla em Inglês), essas atividades conjuntas não morrem apenas hibernam. De acordo com Ann Graybel, Professor em Neurociências do Departamento de Ciências Cognitivas do MIT, que recebeu o prêmio Walter A. Rosenblith, ele diz: "De alguma forma o cérebro retém a memória do contexto do hábito, e este padrão pode ser acionado com o gatilho adequado ". É nesse momento que todas as boas intenções vão por água abaixo.

É claro que, se os seus maus hábitos são mais sutis do que o abuso de drogas ou alcoolismo, existem maneiras de remove-los, e a força de vontade desempenha um papel vital neste processo. Os comportamentos negativos podem afetar de diferentes maneiras. Podem prejudicar a nossa carreira, nossa vida pessoal, e a vida dos nossos entes queridos sem que nós, sequer nos darmos conta do que estamos fazendo. Inevitavelmente tudo o que você está fazendo (ou deixa de fazer) neste momento, terá consequências e efeitos a longo prazo. Então, antes que seja tarde demais, comece a trabalhar para superar os seus maus hábitos.

CHAPTER 6
COMEÇANDO A CONSTRUIR HÁBITOS MELHORES

Com as informações fornecidas até agora você já tem o conhecimento e o poder para mudar os seus hábitos. Agora é hora de colocar em prática.

Sabia que, se escrever as suas ideias você terá uma melhor perspectiva do problema que você está analisando? O exercício seguinte foi desenvolvido por Lee Milteer um treinador de produtividade e palestrante profissional. Separe um tempo para responder as perguntas e aprender a identificar seus maus hábitos e as razões pelas quais você não pode remove-los:

Relacione 3 desculpas que você usa para evitar fazer as mudanças que você precisa fazer para ter sucesso.

1. _

2. _

3. _

Como essas desculpas afetam a sua vida? O que tem impedido que você comece? Escreva 3 coisas muito impor-

tantes que você perdeu porque você se permitiu dar
desculpas.

1. _
2. _
3. _

Que benefícios você ganha com essas desculpas? São
simplesmente para se manter em sua zona de conforto?
Ou é o medo do desconhecido que o mantém atado? Liste
3 benefícios que você tem ao dar desculpas.

1. _
2. _
3. _

Agora sabemos que criamos as desculpas para evitar algo.

Escreva os 3 comportamentos ou hábitos que você quer
deixar.

1. _
2. _
3. _

Por que você os faz? Você estava entediado, assustado,
preguiçoso? etc.

1. _
2. _
3. _

Agora dê a você permissão para mudar. Visualize as recompensas que você passará a ter quando mudar seus hábitos. Faça uma poderosa lista de razões para mudar o velho hábito.

1. _

2. _

3. _

Responder a estas perguntas vai dar a você um impulso incrível de autoestima e confiança. Com cada pequena melhora você estará construindo confiança para enfrentar os maiores hábitos que o mantem preso.

Agora, o que você descobriu enquanto respondia a essas perguntas? Ser confrontado com a realidade, mesmo que seja apenas escrevendo no papel é algo que abre seus olhos.

Você provavelmente já descobriu que um dos principais obstáculos para atingir seu pleno potencial é você mesmo.

Encontre o seu gatilho

Identificar o seu mau hábito é apenas metade da batalha. Se você fez o exercício anterior já é capaz de identificar o seu hábito e está consciente dele. Lembre-se que os hábitos operam em seu subconsciente e você o realiza de forma automática, e, portanto, se o converter em um pensamento consciente será mais fácil identificar seus gatilhos.

Imagine que você quer quebrar o hábito de morder o lápis. Você morde o lápis sempre que você está estressado, nervoso ou entediado? O que acontece antes que ocorra o mau hábito? É muito importante identificar o gatilho, ou sinal, que produz um mau hábito, identificando o como, quando e onde.

Identifique o comportamento do hábito

Esta é a parte mais fácil. Para ter uma ideia mais clara da situação observe o seguinte:

- A primeira vez que você lembra que começou com o hábito e por quanto tempo você o mantém.
- O efeito e o impacto que tem provocado em sua vida.

Aqui você precisa ser muito específico e honesto, pois esta é a melhor maneira de lidar com os maus hábitos e rompê-los.

Quais as recompensas que você ganha com seus maus hábitos?

Todos os hábitos têm recompensas, mesmo maus hábitos, embora elas não sejam necessariamente boas a longo prazo. No caso de morder o lápis você pode sentir um alívio momentâneo, mas você não está sendo capaz de identificar a verdadeira causa do seu estresse ou de seu nervosismo.

É fundamental compreender as recompensas, já que você deve mantê-las quando estiver substituído o seu hábito.

Agora que você tem o gatilho, o comportamento e as recompensas, é hora de identificar os comportamentos substitutivos que são melhores do que o antigo hábito. Como eu mencionei em uma seção anterior, geralmente o gatilho e as recompensas são mantidas, apenas o comportamento é substituído.

Voltando ao nosso exemplo de morder o lápis, em vez de

tomar o lápis sempre que você está nervoso, entediado ou estressado, você pode levar uma bola anti estresse no seu bolso para que possa apertar. Se a cada dia você deseja uma barra de chocolate às 3 h da tarde, tenha uma banana ou uma barra de cereais a mão. Não terá a mesma satisfação, mas você será mais saudável.

Mas nada te faz sentir tão bem quanto morder o lápis ou comer chocolate, você pode dizer. Bem, você pode não se sentir bem agora, mas se sentirá à medida que repetir a atividade com consistência.

É verdade que as primeiras semanas vão ser realmente uma luta e você pode desistir mais uma vez. Isso é normal, mas é importante se manter constante até chegar ao seu objetivo.

Então vamos ver pequenas mudanças nos hábitos que produzem um grande impacto na sua vida e lhe permitem atingir seu pleno potencial.

PART IV

PEQUENAS MUDANÇAS NOS HÁBITOS PARA VENCER O MEDO, SUPERAR A PREGUIÇA E SER UMA PESSOA ALTAMENTE PRODUTIVA

Pode ser que você tenha começado sua jornada de desenvolvimento pessoal com uma ideia otimista do que seria alcançar todos os seus objetivos, mas a realidade é que o sucesso é muitas vezes mais difícil de alcançar do que acreditávamos no começo. Você provavelmente já está cansado de passar por momentos estressantes, frustrantes e esmagadores. Reconhece que a sua responsabilidade para o sucesso (ou insucesso) é um pesado fardo, especialmente quando lhe falta motivação ou você encontra algum problema que não sabe como resolver.

Talvez profissionalmente não esteja crescendo tanto quanto você gostaria, talvez o saldo em sua conta bancária não esteja de acordo com as longas horas que você trabalha. A boa notícia é que os problemas que você enfrenta são comuns e a maioria, se não todas as pessoas já viveram essa experiência. Na verdade, se você estudar a vida de pessoas bem-sucedidas, você vai descobrir que, independentemente da área, sempre se enfrenta os mesmos desafios e se encontra formas de superar. Se você olhar bem a vida de pessoas bem-sucedidas vai descobrir que o segredo do sucesso é desenvolver bons hábitos.

Por exemplo, Stephen King recomenda seguir um programa rigoroso de escrita. Ele tem o hábito de escrever dez páginas por dia, seis ou sete dias por semana, incluindo feriados.

Kobe Bryant é conhecido por ser um jogador de basquete. Ele não só pratica, mas pratica com um propósito. Antes de cada sessão Bryant executa um plano (como disparar 800 tiros em suspensão) com o objetivo de melhorar uma habilidade específica.

As pessoas de sucesso não são sempre aquelas que tem mais talento. Elas enfrentam os mesmos desafios que todos. O que as diferencia das outras pessoas é a sua base sólida de hábitos e rotinas diárias.

Depois de me formar na universidade busquei o propósito da minha vida. Consegui um emprego bem pago, mas por dentro eu não estava feliz. Era apenas uma pessoa amarga. E não me motivava com qualquer coisa. Então eu decidi que eu estava cansado de ser infeliz e ressentido. Eu decidi fazer algo sobre isso e fazer rápido.

Para tanto, fiz apenas uma pequena mudança e assim tudo começou. Uma vez que eu fiz essa mudança eu continuei com outra pequena mudança até que se converteu em algo habitual. Como resultado de fazer apenas pequenas mudanças, minha vida começou a melhorar imediatamente.

Mais tarde, após dois anos, estes são algumas das metas que consegui alcançar:

- Paguei a minha dívida de US $ 80.000 dólares.
- Eu ganhei um concurso e iniciei a construção de um produto em 54 horas.

- Eu pude sair do meu emprego, das 08:00h às 19:00h e viver do que eu gosto de fazer.
- Eu ensinei centenas de pessoas a ganhar o seu primeiro dólar pela internet.
- E o mais importante, comecei a viver uma vida com propósito.

Nada disso teria sido possível se não tivesse feito uma pequena mudança. Qualquer mudança, não importa quão grande ou quão pequena ela seja, é um começo.

CHAPTER 7
POR QUE AS PEQUENAS MUDANÇAS TÊM UM GRANDE ALCANCE?

Lembre-se que Roma não foi construída em um dia. Não importa quão grande você acha que seus problemas são, tudo que você tem a fazer é começar. É por isso que as mudanças, mesmo que pequenas, são tão importantes. Em vez de tentar resolver um problema enorme, comece por desmembrá-lo em partes menores até que se torne gerenciável.

Este processo vai gerar a motivação que você precisa como impulso para alcançar todos os seus objetivos. Neste capítulo as pequenas mudanças são divididas em cinco seções que se destinam a melhorar a sua vida:

- Fracasso e sucesso
- A gestão do tempo
- Vida saudável
- O ambiente
- A produtividade

Crie a base para o sucesso começando com uma pequena mudança hoje

Cada pequena mudança apresentada nesta seção são pequenas alterações que fiz na minha vida. Estas são as mudanças que têm funcionado para mim e eu o estimulo a tentar. Elas não são difíceis de fazer, apenas precisam ser praticadas até que você as domine.

Para melhores resultados, leia toda esta seção rapidamente, e, em seguida, volte e selecione pequenos hábitos com os quais deseja começar. Faça uma lista e transforme em um objetivo. Eu posso prometer que, quando tiver terminado, a sua qualidade de vida terá melhorado dramaticamente e você começará a viver com um propósito.

Pequenas mudanças que criam uma mentalidade sem medo

Para viver uma vida com propósito você deve criar uma mente sem medo. Através da criação de uma mente sem medo você vai definir o cenário para outras pequenas mudanças.

O que significa não ter medo?

Vamos olhar para algumas das pessoas mais bem-sucedidas na história, como Michael Jordan, Steve Jobs e Opra Winfrey. Você pode imaginar o que eles tinham em comum?

Todos eles falharam em algum ponto, mas alcançaram o sucesso através de sua mentalidade sem medos.

Michael Jordan, o maior jogador de basquete na história, falhou ao tentar entrar no time de basquete em seu segundo ano do secundário. Oprah Winfrey, uma das mulheres mais ricas e poderosas do mundo, foi demitida de seu trabalho como leitora de notícias na estação de TV local em Baltimore. Steve Jobs, um dos maiores empreendedores que já viveram, foi demitido da Apple, empresa que ele mesmo começou há 20 anos.

Não é fácil se recuperar de quedas. Imagine como Steve Jobs se sentiu quando foi demitido publicamente da empresa de sucesso que ele mesmo começou. Deve ser difícil se recuperar, mas Steve foi capaz de fazê-lo e, finalmente, voltou para fazer da Apple a empresa que é hoje. Tudo começa com ter uma mente sem medo. Ganhar é 95% mental, 5% é todo o resto.

CHAPTER 8
FRACASSO E SUCESSO

Abrace o fracasso

Tenho certeza que você está lendo este livro porque você quer ter sucesso. Ninguém tem a intenção de falhar, mas goste ou não, o fracasso é um passo importante no caminho para o sucesso. A chave aqui é compreender que todos experimentamos fracassos. Você não é um fracasso, simplesmente porque tentou algo que não funcionou. A diferença entre as pessoas que, em última instância tem sucesso e aqueles que não tem é que aqueles que tem sucesso conseguem ver o fracasso como uma oportunidade de aprendizagem.

Como disse Henry Ford: "O fracasso é apenas uma oportunidade para começar de novo, mas de uma forma mais inteligente". Certamente você já ouviu falar das tentativas falidas de Edison quando inventou o filamento de lâmpadas incandescentes. Existem muitas versões da história de que as tentativas variam de 700 a 10.000. Independentemente do número exato de tentativas, o importante é que Edison precisou tentar várias vezes para conseguir.

Ainda mais importante do que a tenacidade de Edison foi a sua atitude. Ele não viu suas tentativas falidas como fracasso. Em vez disso ele via como sucessos que lhe permitiam descobrir o que não funcionava. Ele reconheceu que a única maneira de descobrir o que não funcionava era tentando.

A chave para Edison, e qualquer outra pessoa que tenha alcançado o sucesso, é que depois de falhar fez as correções necessárias e tentou novamente.

Outra chave é que as pessoas bem-sucedidas não têm medo de experimentar, mesmo que as chances de sucesso sejam remotas.

A crítica é a irmã mais nova do fracasso

Embora a crítica não seja tão grave quanto a falha, é uma ferida para o ego e pode causar uma renúncia prematura. Você sempre receberá críticas, algumas úteis e outras não tão úteis. A mentalidade de sucesso exige que você veja os comentários negativos como oportunidades para descobrir oportunidades para melhorar.

Benefícios do fracasso e da crítica

Benefício 1: Desenvolver um padrão de excelência. Aproveite o fracasso e as críticas para melhorar a qualidade do seu trabalho e para se destacar sobre os demais.

Benefício 2: Obter evidências empíricas sobre os resultados de suas estratégias. Isso pode forçá-lo a tentar a partir de um novo ângulo que você não tinha considerado no princípio.

Em suma, quando tomar medidas após um fracasso,

você desenvolverá a habilidade subconsciente de superar a adversidade com regularidade.

Para implementar este hábito faça o seguinte:

Ação 1: Tente algo novo semanalmente, mesmo que você ache que as chances de sucesso são escassas.

Ação 2: Crie um arquivo de histórias de pessoas que fracassaram e, em seguida, foram bem-sucedidas. Podem ser histórias de pessoas famosas, como Thomas Edison ou de pessoas comuns (um amigo ou parente que você admira). Não se esqueça de adicionar as suas próprias histórias neste arquivo. Em tempos de dúvida, revise para aumentar a sua motivação.

Ação 3: Diga diariamente que o fracasso é parte do processo. Por exemplo, você pode usar algo como Edison: "Eu não falhei uma vez sequer, eu descobri 10.000 maneiras que não funcionam". Este passo é importante, mesmo que você aceite o fracasso, a nível intelectual, é normal se sentir chateado quando falha.

Ação 4: Pergunte a si mesmo diariamente: "O que não está funcionando?". Considere o que você pode aprender com isto.

Ação 5: Se reúna com os outros e veja o que eles têm feito para superar problemas semelhantes. Você pode pesquisar no Google ou em grupos no Facebook ou Masterminds de pessoas com objetivos semelhantes. Se você tem recursos, contrate um treinador ou um mentor para aprender a superar seus desafios.

Ação 6: Siga o exemplo de pessoas mais bem-sucedidas, de fazer uma abordagem tática para atingir seus objetivos. Por exemplo:

1. Definir uma meta inicial.
2. Um pequeno passo em direção a esse objetivo,

por exemplo: exercitar 10 minutos por dia durante uma semana.

3. Aplicar a lição aprendida no passo 2 e pensar sobre o que você poderia ter feito diferente.

4. Aplicar essa informação para dar mais um passo em direção ao seu objetivo.

5. Se mantenha avançando e aprendendo ao longo do caminho.

Definir metas

As pessoas mais bem-sucedidas do mundo regularmente estabelecem (e alcançam) objetivos dinâmicos. Embora seja bom trabalhar com uma lista de tarefas diárias, isso não é suficiente. Na verdade, se você criar uma lista de tarefas diárias que não sejam baseadas em objetivos, então você vai perder tempo trabalhando duro sem chegar a lugar nenhum.

Se você quiser ter sucesso você deve ter metas em cada área de sua vida. Caso contrário, é fácil de se desenvolver em algumas áreas, enquanto outras áreas de sua vida são arruinadas.

Definir metas dá um senso de propósito para as tarefas que você faz diariamente. A chave é se certificar de que cada ação seja referente a um plano de longo prazo. Você se sente motivado quando sabe que uma tarefa específica te coloca um passo mais próximo de alcançar um objetivo importante.

Os objetivos são importantes porque eles agem como um filtro e o ajudam a tomar as melhores decisões. Você deve definir metas para as seguintes áreas de sua vida:

- Educação (formal e informal)

- Carreira ou negócios
- Hobbies e lazer
- Saúde
- Relacionamentos
- Espiritualidade
- Finanças

Um erro que muitas pessoas cometem é a tentativa de fazer muitas coisas ao mesmo tempo. É aconselhável definir metas que abrangem duas ou três áreas de sua vida. Depois de alguns meses, reveja sua lista de objetivos. Se você sente que algo está faltando em outra área de sua vida, crie mais um objetivo para resolver o problema.

Finalmente, é importante entender que existem **dois** *tipos* **de objetivos** e entender o impacto que eles têm sobre a sua capacidade de terminar as coisas.

Em primeiro lugar estão as metas de desempenho. Este tipo de objetivo foca-se no esforço, em vez de focar em um resultado específico. A meta de desempenho seria algo como "Em junho eu vou para academia 12 vezes".

Depois, há as metas de resultados que apontam para uma métrica específica. Por exemplo, a meta de resultado seria algo como "final de junho serei capaz de levantar 50 kg no supino".

Na maioria dos casos é melhor se concentrar nas metas de desempenho, ao invés de se concentrar nas metas de resultados. O importante é desenvolver o hábito de tomar medidas em uma base diária. As metas de resultado podem levar ao desânimo mais rápido se você não as alcança. Portanto, as metas de desempenho são muito melhores, porque o mantem focado no processo e a sua realização depende mais de você.

Por exemplo, mesmo que você vá 12 vezes para a

academia em junho, você pode não ser capaz de levantar 50 kg ao final do mês. Isso pode ser muito desanimador quando você se esforçou ao máximo. Se você se concentrar em metas de desempenho, é mais provável que seja capaz de se manter motivado para continuar.

Para implementar este pequeno hábito faça o seguinte:

- Pense no que você gostaria de realizar nos próximos três meses.
- Anote as metas para duas ou três áreas de sua vida.
- Crie um plano de ação para cada meta.
- Verifique estas metas diárias.
- Ao rever os seus projetos em curso, coloque o foco sobre aqueles que estão associados diretamente a um objetivo.
- Se um projeto não se relaciona com um dos seus objetivos, remova.
- No final de três meses avalie o seu sucesso no todo.
- Crie novas metas e as torne desafiantes.

Se concentre em seus pontos fortes

Muitas pessoas têm a atitude de "podemos fazer", o que é um requisito para ter sucesso em qualquer área da vida. No entanto, infelizmente, essa atitude também pode levar a uma mentalidade muito perigosa onde você sente que tem que fazer tudo sozinho.

Por exemplo, se a cada dia você cria conteúdo para o seu site, gerencia o atendimento ao cliente, faz a contabilidade e modifica o desenho do site, mesmo que você seja bom em

todas estas atividades, isso acabará prejudicando o seu cres-
cimento.

É necessário fazer no início, se você está começando um
negócio, mas uma vez que você começar a gerar recursos,
vale a pena colocar seu foco em seus pontos fortes e
contratar pessoas para fazer o restante.

Pense desta maneira: Se você se concentrar em seus
pontos fracos não só levará mais tempo para completar uma
tarefa, mas o resultado também não será tão bom quanto se
você deixar para um perito.

Para ilustrar este conceito vamos falar sobre as "3 listas
de Chris Ducker". Esse processo funciona assim:

- Pegue um papel e um lápis.
- Desenhe duas linhas no meio do papel para criar
  três colunas.
- Na coluna 1 anote tudo que você odeia fazer no
  dia-a-dia.
- Na coluna 2 escreva o que é difícil. Estas são
  tarefas que devem ser feitas, mas você não é bom
  nelas.
- Na coluna 3 relacione as tarefas que você não
  deveria estar fazendo. Você pode gostar de fazer
  essas coisas, mas elas não são a melhor maneira
  de usar o seu tempo e outra pessoa poderia estar
  fazendo.

Depois de fazer o exercício você terá uma lista de tarefas
que podem ser delegadas ou terceirizadas. Dependendo de
como você está financeiramente é possível que não esteja
pronto para contratar alguém para ajudá-lo, no entanto,
você pode começar em pequenos projetos como a contra-

tação de um assistente virtual em sites como Elance.com ou Upwork.com.

Para implementar este pequeno hábito faça o seguinte:

Ação 1: Identifique as suas "competências centrais", que é o conjunto de habilidades que você pode desenvolver melhor do que qualquer um.

Ação 2: Preencha o formulário "3 listas de Chris Ducker" para encontrar especificamente as tarefas que devem ser executadas por outras pessoas.

Ação 3: Pegue a lista de tarefas do ano anterior e as classifique de acordo com a prioridade. Em seguida, encontre e contrate as pessoas que podem executá-las. Você pode buscar pessoalmente ou usando sites de freelances. Você pode encontrar pessoas que podem lidar com qualquer coisa relacionada a um computador, tais como web design, atendimento ao cliente on-line, contabilidade, etc.

Ação 4: Desenvolva o hábito de delegar constantemente perguntando "Quem é a melhor pessoa para executar esta tarefa?

Leia 30 minutos por dia

Não deveria ser nenhuma surpresa que a leitura o conduz ao sucesso académico, mas a leitura também está ligada ao sucesso profissional. O Presidente Harry S. Truman disse "nem todos os leitores são líderes, mas todos os líderes são leitores".

Mesmo que não exista nenhuma garantia de que a leitura de 30 minutos por dia vai fazer de você um líder, isso certamente aumentará suas chances de sucesso. Se por algum motivo você optar por não ser um leitor ativo, tenha a certeza de que chegará um dia em que você vai estar atado e não poderá crescer além do seu nível atual.

Hábitos de leitura de pessoas medianas X hábitos de leitura de pessoas bem-sucedidas

As pessoas comuns só leem um livro por ano, e 60% só concluem o primeiro capítulo. Em contraste, os CEOs das empresas relacionadas na Fortune 500 leem uma média de quatro a cinco livros por mês, lendo um pouco a cada dia.

Embora existam muitos fatores que contribuem para a renda, leitores ativos geram cinco vezes mais dinheiro do que os que não leem, então se você quiser aumentar a quantidade de dinheiro que você ganha, desenvolver o hábito da leitura diária não te prejudicará.

Uma meta: Ler 30 minutos por dia

Se você é uma pessoa ocupada, você pode pensar que não tem tempo para ler, mas a boa notícia é que você pode conseguir muito com uma leitura de apenas 30 minutos por dia. De acordo com a Forbes, o adulto comum lê 300 palavras por minuto, os executivos comuns leem em média 575 palavras por minuto, e os leitores de alta velocidade leem 1.500 palavras por minuto.

Agora, digamos que você é uma pessoa comum que não exceda 300 palavras por minuto. Com 30 minutos de leitura por dia você pode completar um livro de 50.000 palavras (cerca de 200 páginas) em 5,55 dias, o que lhe permite ler confortavelmente um livro por semana.

Uma coisa a ter em mente é que você não tem que fazer tudo de uma vez. Você pode ler em blocos de 10 minutos, três vezes por dia, ou talvez, começar e terminar o dia com 15 minutos de leitura. Use o tempo ocioso para ler todos os dias.

Você não gosta de ler?

Existem versões de áudio para a maioria dos livros, então se você não gosta de ler tente os audiolivros. Isso irá ajudá-lo a "ler" tantos livros que, de outra forma, não conseguiria. Neste caso, eu recomendo que você tente comprar audiolivros em Audible.com. Eles têm uma grande variedade de títulos de ficção e não ficção. Alguns livros Kindle também têm a sua versão da voz ativada no Audible.com.

Em última análise, você também pode converter qualquer texto para a versão de áudio com um aplicativo pago, mas tenha em mente que o resultado será uma voz robótica. Confie em mim, para uma melhor experiência com audiolivros, compre um livro em uma versão narrada por uma pessoa real, já que a voz de robô vai te cansar muito rápido.

Walt Disney disse: "Há mais tesouro nos livros do que nas arcas dos piratas na ilha dos tesouros ". Se você quer enriquecer grandemente a sua vida, tente ler 30 minutos por dia.

Você está pronto para desenvolver o hábito de ler? Com os seguintes passos você pode começar:

Ação 1: Comprometa-se com o hábito de ler 30 minutos todos os dias. Instale o aplicativo "Fabulous: Motivate me!" em seu Smartphone para apoiá-lo.

Ação 2: Tenha um livro com você em todos os momentos, ou use o aplicativo Kindle em seu Smartphone ou Tablet, para ler sempre que tiver tempo ocioso. A seguir coloquei algumas ideias de leitura que pode ajudar você a crescer: perfis dos empreendedores de sucesso, biografias de pessoas bem-sucedidas, livros que ensinam habilidades profissionais e tudo que se relaciona ao aperfeiçoamento pessoal.

Ação 3: Reúna informações sobre as versões áudio de

seus livros favoritos. Por exemplo, verifique a biblioteca da audible.com e veja se pode fazer uma assinatura.

Ação 4: Escolha uma área em que você deseja crescer e leia três ou mais livros relacionados a essa área. Um primeiro livro vai ajudar você a estabelecer as bases, o segundo livro a construir sobre as fundações e o terceiro livro vai ajudá-lo a internalizar as informações. Você vai descobrir que, quanto mais ler sobre um tema específico, mais você internaliza as informações e as torna parte fundamental de seu pensamento.

Desenvolva novas habilidades

Se você se sente estagnado, pode ser que você parou de aprender. O mundo à nossa volta muda em um ritmo muito rápido. Se o que você fez funcionou bem no passado, agora pode não ser suficiente. Se não aprender novas habilidades continuamente, sem dúvida, chegará o momento em que você não pode alcançar novas metas.

Ler 30 minutos por dia é, naturalmente, um excelente ponto de partida. E dará a você o conhecimento que precisa para dominar a sua área. Mas o conhecimento é apenas uma peça do quebra-cabeças. Conhecimento sem habilidades não vai permitir que você chegue muito longe, porque são as habilidades o que permitem, realmente, tomar uma decisão sobre o que você sabe.

Pessoalmente, o hábito que me ajuda a melhorar, de forma consistente, é o hábito diário de separar um período de tempo para aprender. Na minha área, é vital se manter em dia com as melhores práticas, tecnologias e estratégias para o desenvolvimento pessoal. Eu uso um aplicativo chamado "Pocket" para salvar artigos e vídeos durante o dia e automaticamente sincronizo em todos os meus dispositivos. E então, eu uso pelo menos 30 minutos, geralmente depois de comer, para ler, aprender e obter inspiração. Isso mantém o meu conhecimento atualizado e me motiva a continuar.

Exposição a coisas novas

É importante se expor a coisas novas de forma contínua, mesmo se você não tem uma necessidade imediata de aprendizagem. Você nunca sabe quando uma nova habilidade ou experiência será útil em outros aspectos da sua vida.

Antes de casarmos, minha esposa e sua família passaram seis meses na Índia trabalhando como pesquisadores culturais. Embora possa parecer que o tempo que passou na Índia não tem absolutamente nada a ver com o que faz atualmente, realmente a ajudou em muitos outros aspectos da sua vida.

Por exemplo, na Índia teve que se obrigar a sair para as ruas e entrevistar pessoas. Como uma pessoa introvertida nem sempre foi fácil fazer isso, mas esta experiência a obrigou a iniciar conversas com estranhos. Essa capacidade lhe permitiu interagir mais facilmente com as pessoas em conferências e eventos relacionados ao seu negócio atual.

Como superar o medo

O medo é um dos maiores obstáculos para aprender coisas novas. No seu desenvolvimento terá de superar os medos associados a aprender coisas novas. Por exemplo, pode haver uma nova tecnologia que você tem que aprender, mas você não se dá bem com a tecnologia. Ou você pode ter que aprender a falar em público, mas a ideia de ficar de pé diante de uma plateia te apavora.

Sejam quais forem as habilidades que você precisa aprender, se você quiser crescer e usar todo o seu potencial, haverá momentos em que você tem que fazer coisas que assustam você. A melhor maneira de superar esses medos é simplesmente faze-los, mais cedo ou mais tarde.

Aprendizagem "Just in time"

Embora seja bom enfrentar seus medos, uma hora ou outra, também há muito a dizer sobre aprender as coisas "Just in time". Just in time (JIT por sua sigla em Inglês), é um conceito de negócio que surgiu no Japão na década de 1950 e foi adotado pela Toyota e outras empresas japonesas.

A Toyota aplica o conceito para solicitar o estoque necessário para construir seus carros. Esta técnica aumentou os lucros. Uma vez que eles têm menos estoque não precisa muito espaço de depósito. Esta abordagem também ajudou a Toyota a aumentar a produtividade.

Este mesmo princípio pode ser aplicado a aprendizagem. Por exemplo, não há nenhuma necessidade de aprender habilidades que não possam ser aplicadas em um futuro próximo. Isso é perda de tempo. Mesmo que você vá precisar o conhecimento em um futuro distante, você será obrigado a reaprender se você o esqueceu.

Aprender coisas que você realmente não precisa também é uma forma de procrastinação, pois é mais confortável aprender do que agir.

Use o que você já tem

O segredo do sucesso não está em comprar o curso mais atual e mais famoso. O segredo do sucesso é saber no que você precisa crescer, obter informações processáveis e agir imediatamente.

Faça do aprendizado uma forma de vida

É fácil cair na rotina e deixar que as nossas habilidades se atrofiem. Para manter as coisas claras em sua mente, faça as seguintes atividades como parte de sua vida cotidiana:

- Fale com estranhos
- Viaje
- Saia de casa
- Experimente coisas novas
- Faça cursos

Quanto mais você se expõe a novas ideias, mais oportunidades você tem de crescer.

Aqui tem um plano de ação para melhorar suas habilidades:

Ação 1: Fique atento as tendências que são mais importantes em sua área. Uma maneira simples de fazer isso é usando o Google Alerts. É um serviço que informa sobre artigos de notícias relevantes de acordo com o parâmetro do alerta que você definir. Você pode definir que os resultados sejam enviados para o seu e-mail.

Ação 2: Se inscreva nas aulas on-line relacionadas à próxima habilidade que você gostaria de desenvolver (lembre-se da importância da aprendizagem "just in time"). Uma boa opção é Udemy.com.

Ação 3: Reserve tempo em sua agenda diária para aprender. Ter um tempo designado para aprender novas habilidades deve ser um hábito.

Ação 4: Adicione tarefas de aprendizagem em sua lista

de tarefas. Por exemplo, se você tem um curso on-line que você quer fazer, crie tarefas com datas de vencimento para ir completando os diferentes módulos.

Visualize o sucesso

Uma das melhores maneiras de criar uma mentalidade sem medo é visualizar o sucesso. Esta é uma técnica muito popular praticada por muitos atletas bem-sucedidos no mundo.

O que o sucesso significa para você? Será que significa que finalmente terá a coragem de pedir ao seu patrão a promoção que você merece? Será que, finalmente, vai terminar a meia maratona para a qual você esteve se preparando por meses?

Seja qual for o desafio, você pode usar a visualização para se antecipar e se ver onde quer chegar. Eis como eu visualizo o sucesso: Primeiro encontre um lugar onde você possa estar sozinho, livre de distrações. Não há nada de místico nisso. Alguns dos meus lugares favoritos são:

- Enquanto corro pela manhã.
- Ao dar uma caminhada.
- Ir para a praia.
- Ficar em casa sozinho.

Em seguida, comece a visualizar o que significa sucesso para você. Visualizar não significa que você tem que fechar os olhos. Apenas significa que você tem que criar uma imagem em sua mente. Agora imagine o seu objetivo. Se imagine alcançando suas metas. O que você está fazendo? Como se vê? Como se sente? Tente usar os seus cinco sentidos.

Esta é uma atividade que pode durar 5 minutos ou uma hora, depende inteiramente de você. Tente definir um tempo para visualizar todos os dias. Você vai notar que, quanto mais visualiza, mais fácil se torna tomar medidas para atingir seus objetivos.

Comece hoje

Esta pequena mudança parece muito simples, mas é uma das mais difíceis de fazer. Isso porque requer a remoção de todas as dúvidas e mergulhar de cabeça em direção as metas que deseja alcançar. Muitas vezes eu encontro pessoas que têm grandes visões do que querem fazer na vida. No entanto, quando eu pergunto o que eles estão fazendo para tornar os seus sonhos realidade é isso que eu ouço:

"Eu ainda não estou pronto, eu tenho que continuar planejando".

"Algum dia eu vou fazer alguma coisa, mas agora não é o momento".

"Agora estou muito ocupado. Basta ter algum tempo livre eu vou fazer alguma coisa".

Se soar como desculpas, é porque são. A verdade é que não é necessário planejar ou ter tempo livre para perseguir seus sonhos. Eu entendo a necessidade de planejamento, mas existe uma coisa chamada paralisia por análise que é produzida planejando constantemente sem tomar atitude. Nunca planeje a perfeição.

Você pode e deve começar hoje

Se você quer começar a comer mais saudável, comece hoje.

Se você quer reinventar, comece hoje.

Se você quer mudar de carreira, comece hoje.

O que você quiser fazer, você deve começar hoje. Não faz

sentido esperar até o próximo ano para fazer alguma coisa. Se
seus sonhos são importantes para você, então faça algo agora.

Comece com o fim em mente

Já que estamos no assunto de definição de objetivos, outra
razão pela qual as pessoas não gostam de definir metas é
que eles não sabem onde começar. Então, para resolver este
problema, comece tendo o fim em mente. Em outras palavras, primeiro defina o seu objetivo e, em seguida, trabalhe
para determinar como vai conseguir.

Digamos que você tem R$ 20.000,00 reais em dívidas. Se
você tentar encontrar uma maneira de pagar toda essa
dívida de uma vez pode ser esmagador. Na verdade, algumas
pessoas estão paralisadas pelo medo e decidem ignorar o
problema. Mas esta não é a solução, nem mesmo de perto.

Vejamos como você pode se aproximar desse objetivo
começando com o fim em mente:

Diga que você quer pagar essa dívida no prazo de um
ano. Divida por mês:

R$ 20.000,00 / 12 meses = R $ 1.667,00 (Este é o valor que
você tem que pagar por mês para atingir seu objetivo).

Se R$ 1.667,00 por mês é muito para você, tente nova-
mente em 18 meses ou 24 meses.

Utilizando 18 meses você tem:

R$ 20.000,00 / 18 meses = R$ 1.111,00

Utilizando 24 meses:

R$ 20.000,00 / 24 meses = R$ 834,00.

E você pode continuar desta forma. É óbvio que
pagando R$ 834,00 por mês, durante 24 meses, você vai
demorar mais tempo, mas você já tem uma base para começar. Agora você sabe que precisa separar R$ 834,00 cada mês

e você pode criar um orçamento para que este plano funcione.

Você pode usar essa estratégia para se aproximar de qualquer objetivo. Se você quer correr meia maratona, quantos quilômetros têm que treinar cada semana? Se você quer aumentar a sua renda mensal comece a descobrir maneiras diferentes que você pode aumentar sua renda a cada mês para chegar a esse número.

Ao começar com o fim em mente você pode dividir seus objetivos em partes menores e eliminar o fator medo.

Aponte para as estrelas para alcançar a lua

Eu conheci pessoas que se fixam em metas muito altas e pessoas que não estabelecem metas. Você consegue adivinhar quem acaba mais feliz a longo prazo?

Quando falo com as pessoas que não gostam de definir metas para sua vida eu sempre pergunto porque elas não gostam. Uma das respostas mais frequentes que ouço é que não querem se decepcionar se não as alcançarem.

Eu creio que quanto mais descritiva e detalhada é a definição das metas melhor. Por exemplo:

Objetivo 1: perder 1-2 kg em dois meses.

Objetivo 2: perder 5 kg em 6 semanas e 10% de gordura corporal. Seguir uma dieta baixa em carboidratos e fazer exercícios físicos por 1 hora, 3 vezes por semana.

O objetivo 1 é muito fácil de conseguir, só perder 2 kg em algum momento dentro de dois meses. Você pode simplesmente passar fome e emagrecer. Mas este é realmente o caminho certo?

Por outro lado, o objetivo de 2 parece mais difícil e mais intenso. Aqui você está apontando para perder mais peso em menos tempo, e baixar 10% de gordura corporal usando uma combinação de dieta e exercícios.

Com que finalidade você escolheria? Pessoalmente eu escolheria o alvo 2. É certamente o mais difícil de conseguir, mas sempre opto por escolher o caminho mais difícil por uma razão: Vamos supor que, em vez de perder 5 kg em 6 semanas com 10% de gordura corporal você só perder 4 kg em 6 semanas com 6% de gordura corporal. Você não alcançou o seu objetivo, no entanto, ainda assim você realizou algo de bom. E provavelmente este resultado é melhor do que o alcançado pela maioria das pessoas.

Ao definir metas elevadas, apesar de não conseguir atingi-las por completo, ainda assim conseguiu muito mais do que as pessoas que definirem metas fáceis ou não definem metas.

É por isso que se diz que você deve apontar para as estrelas para chegar à lua.

Acredite em si mesmo

É difícil ser bem-sucedido senão acreditar em si mesmo. Se você não confiar em si é pouco provável que tente coisas novas ou assuma riscos. Em suma, se você não acredita em si será difícil para outras pessoas confiarem em suas habilidades.

Eu mesmo já sofri da "síndrome do impostor". As pessoas que sofrem dessa síndrome acreditam que são fraudes e, apesar das evidências que provem o contrário, sentem que não merecem o sucesso que alcançaram. Muitas vezes sentem que as pessoas descobrirão que seu sucesso é baseado na sorte.

De acordo com um estudo psicológico realizado na década de 1980, cerca de 70% das pessoas sofrem a síndrome de impostor em algum momento de suas vidas.

Para avançar para próximo nível no seu desenvolvimento é necessário implementar estratégias para superar esses padrões de pensamentos negativos.

Ganhar um apoio positivo de outras pessoas

A forma mais fácil de superar a síndrome do impostor é se cercar de pessoas que acreditam em você. O objetivo é obter o incentivo de um genuíno tapa nas costas por um trabalho bem feito.

Este tipo de apoio é conseguido por aqueles que realmente acreditam que você tem algo único para oferecer ao mundo.

Além do mais, você também deve passar menos tempo com pessoas que te fazem se sentir para baixo. Você pode não ser capaz de evitar completamente as pessoas negativas, especialmente se são membros de sua família, mas procure se esforçar para reduzir a quantidade de tempo que você gasta com eles.

Você tem algo especial para oferecer ao mundo

Todos nós temos dons para compartilhar com o mundo. É importante utilizá-los, não só para seu próprio benefício, mas também para enriquecer a vidas de outras pessoas. Agora é hora de silenciar o seu crítico interior, viver a vida ao máximo e ser tudo o que você está destinado a ser.

Todos nós temos momentos de dúvidas, então você precisa ter uma estratégia para melhorar o seu ânimo. Agora vamos ver como:

Ação 1: Manter um arquivo que dizem coisas positivas sobre você. Por exemplo, se você receber uma felicitação por e-mail, adicione ao arquivo. Leia-o sempre que você se sentir inseguro.

Ação 2: Escolha seus amigos sabiamente e evite aqueles com tendências negativas. Não se compare com os outros. Em vez disso, compare a sua situação atual com seu passado e sempre se esforce para melhorar.

Ação 3: Envie um e-mail a 10 pessoas que o conheçam bem e peça que descrevam 3 pontos positivos seus. Adicione todas as respostas para o seu arquivo nomeado como "Coisas positivas sobre mim." E não tome como algo pessoal se apenas um pequeno número de pessoas responderem. Isso é normal.

Ação 4: Faça uma lista de seus pontos fortes. Repita essas declarações regularmente.

Vença o medo da rejeição

Sejamos realistas. Todos nós odiamos a rejeição. Não entrar na faculdade que você queria, não conseguir a promoção para qual você trabalhou tanto para conseguir, não conquistar a mulher dos seus sonhos, não há nada agradável em relação a rejeição, mas faz parte da vida e temos de aprender a conviver com ela.

Todos fomos rejeitados, de alguma forma ou de outra, e é provável que seremos de novo. No entanto, quanto mais cedo dominarmos o medo, logo começamos a viver uma vida com propósito.

Mas que proveito podemos tirar das rejeições?

Ser rejeitado é um golpe para o ego. No entanto, com alguns truques simples você pode tirar o máximo proveito de cada rejeição.

- **Não tome isso como algo pessoal:** Se você não

conseguir o emprego que quer, não significa necessariamente que você não é bom o suficiente. Você pode apenas ter tido um dia ruim quando foi entrevistado. Haverá novas oportunidades.

- **Peça um real a um estranho:** Não há uma maneira mais rápida de perder o medo da rejeição do que se expor a ela. A próxima vez que você sair peça um real para um estranho e veja o que acontece. Por que você se sentiria mal se você não fez nada de errado?

- **Faça uma leitura panorâmica:** Quando fui demitido do meu primeiro trabalho no começo eu fiquei furioso por ter sido inesperado. Mas uma vez que me acalmei e fiz uma leitura panorâmica, eu realmente percebi que eles me fizeram um favor. Eu odiava meu trabalho e não estava motivado, então na verdade a demissão me fez procurar melhores oportunidades. Isto me lembra o conto "A vaca" de Camilo Cruz. Eu recomendo que você procure no YouTube e o escute.

- **Use o medo da rejeição, como um motivador final:** O medo pode produzir dois efeitos. Pode paralisar você a ponto que você não pode agir ou pode motivá-lo a ir além do que você imaginou. Tudo depende de como você aceita e lida com o medo da rejeição.

- **É um jogo de números:** Muitos homens temem falar com mulheres atraentes por medo de serem rejeitados. Meu conselho é não dar muita importância à rejeição. Os relacionamentos são um jogo de números e enquanto você continua

tentando, as chances de ter sucesso aumentam. É
sempre um jogo de números.

Busque pequenas vitórias

Deixar o conforto de sua bolha e assumir riscos requer coragem. Quando você decidir dar este salto você vai enfrentar
desafios difíceis todos os dias. Com o objetivo de confrontar
a montanha-russa de emoções, é imperativo procurar
pequenas vitórias. As pequenas vitórias podem ser de
diversos tipos. Pode ser algo tão simples como um agradeci-
mento por e-mail de um amigo próximo ou uma realização,
como fazer a sua primeira venda em seu novo empreendi-
mento online.

Pequenas vitórias são importantes porque, quando os
tempos são difíceis e você pensa em desistir, servem como
pequenas explosões de energia. Pequenas vitórias funcionam como declarações que proporcionam o reforço
positivo.

Quando você está tentando descobrir quem você é e o
que você quer fazer na vida, se depara com uma série de
perguntas.

"Estou fazendo o que é certo?"

"Será que eu tomei a decisão certa?"

"Eu realmente fui feito para isso?"

E estas pequenas conquistas ou vitórias servem para
lembrar porque você deve continuar a lutar. Elas servem
como a validação que você está no caminho certo. Em
tempos difíceis, as pequenas vitórias são a prova de que você
está vivendo a vida para a qual você nasceu.

Sempre escolha o caminho mais difícil

Isto está relacionado com uma das pequenas mudanças nos hábitos que vimos anteriormente. Ninguém gosta de coisas difíceis. Contudo, os projetos que oferecem os maiores benefícios são os mais difíceis por uma razão. Baseado na minha experiência, eu sempre tenho confiança ao escolher o caminho mais difícil.

Por que o caminho mais difícil?

Porque todas as coisas que você quer na vida exigem que você saia da sua zona de conforto. Se fosse fácil você não estaria fazendo. Quando você não corre riscos você não ganha. Se você é apresentado a uma oportunidade que não o deixa nervoso, então não merece o seu tempo nem seu esforço.

Cada oportunidade na minha carreira em que me senti apavorado sempre valeu a pena. Se você está decepcionado com os resultados que você tem obtido em sua vida, então confira as escolhas que você fez até agora. Se as decisões que você tomou não funcionaram, então este é o momento de fazer uma mudança.

Comece a fazer coisas que fazem você se sentir desconfortável. Em caso de dúvidas, basta tomar o caminho mais difícil, que você não quer tomar. Eu prometo que se você seguir este método, você ficará surpreso com as coisas que pode alcançar.

Descubra seus pontos fortes e fracos

Um fator importante para agir é conhecer seus pontos fortes e fracos. Desta forma, você foca em usar seus pontos fortes. Você já pode ter uma ideia, mas eu recomendo que você use qualquer um dos buscadores de pontos fortes e fracos disponíveis na internet.

Por que é importante conhecer seus pontos fortes e fracos?

Se um dos seus pontos fortes é o trabalho em equipe, então você sabe que é provável que prospere em um ambiente de colaboração com outras pessoas. Por outro lado, se sua força é a criatividade e pensamento lateral, então é melhor que evite ambientes de trabalho estruturados.

O mesmo pode ser feito com suas fraquezas. Saber no que você não é bom vai ajudar a evitar situações desfavoráveis. E conhecer os seus pontos fracos também permitirá que você se conecte com pessoas que são fortes nestas áreas específicas. Isto é visto em empresas que iniciaram suas atividades recentemente. Normalmente, uma pessoa é mais técnica e a outra é mais orientada para os negócios.

Eu gosto de usar meus pontos fortes e fracos como uma maneira de expandir minha rede social. Não me refiro especificamente a fazer negócios, basta entrar em contato com pessoas com diferentes pontos fortes e no momento que precisar, pedir conselhos.

Dar, dar, dar, em seguida, pedir

Esta é uma das minhas mudanças favoritas porque é um método poderoso que permite a você construir relacionamentos fortes. A base desta pequena mudança é simples: oferecer ajuda sem esperar nada em troca.

Muitas vezes eu me encontro com pessoas que só se preocupam em ajudar a si mesmos ou com o que podem receber. Essas atitudes são bastante deficientes. Já a atitude de dar sem esperar nada em troca é a atitude oposta.

Descubra como você pode ajudar alguém e o faça. As razões pelas quais esta pequena mudança é tão eficaz são muitas:

- Ajuda você a construir relacionamento com alguém que está apenas conhecendo ou que não conhece diretamente.

- É um gesto muito generoso que as pessoas valorizam e respeitam.

- Quando, finalmente, precisar de um favor é só pedir e a maioria vai ficar feliz em poder ajudar.

A ajuda pode vir de qualquer forma. Pode ser um simples bate-papo e disposição para ouvir, ou pode ser um convite para almoçar feito a um amigo que não está tendo um bom dia. Se você pode oferecer algo que alguém precisa, não tenha medo de oferecer.

Elimine suas crenças negativas

As crenças são coisas que pensamos ser verdadeiras. Podemos dividi-las em várias categorias, mas as crenças negativas mais comuns são:

"Eu sou um fracasso".

"Eu não consigo fazer nada direito".

"Eu sou feio".

"Eu não valho nada".

"Eu sou chato".

"Eu sou fraco".

"Ninguém vai me amar".

"Por que ninguém quer ficar comigo?"

"Eu nunca faço nada".

*Aqui está um pequeno segredo que eu aprendi sobre as crenças negativas: **tudo está na sua cabeça**. Posso assegurar que as outras pessoas não pensam o mesmo sobre você. Sua família, seus amigos, seus colegas de trabalho, etc., não o veem da maneira que você se vê.*

Crenças negativas são muito prejudiciais, porque criam uma prisão mental que o impede de tomar medidas para melhorar sua vida.

Pare de reforçar as suas crenças negativas

Independentemente de quais sejam as crenças negativas sobre si mesmo, pare agora mesmo! Quanto mais tempo você sustentar essas crenças, mais difícil será eliminá-las. Então, o primeiro passo é parar de reforçá-las.

Desafie suas crenças negativas

Outra forma de mudar suas crenças negativas é desafiando-as. Se você acha que é um fracasso, então olhe para tudo o que você já realizou até agora. Você realmente acha que ninguém aprecia você? Pergunte aos seus amigos mais próximos quais eles acham que são as suas melhores qualidades.

Faça uma mudança em seu mundo externo

Uma das melhores maneiras de mudar uma crença negativa é fazer uma mudança real em sua vida. Se você pensa que é uma pessoa chata, então saia e vá fazer algo divertido. Junte-se a um grupo de atividades, planeje uma aventura, faça algo que você não considera chato.

Utilize afirmações

O uso de afirmações é uma excelente maneira de reestruturar uma crença negativa. Se você se sentir um fracasso, se pergunte por que você se sente dessa maneira. Será que é porque não conseguiu o trabalho em que estava participando da seleção e sendo entrevistado há três meses? Agora reestruture o seu processo de pensamento. Em vez de se sentir um fracasso, pense em como foi notável chegar tão longe no processo de seleção. Eram centenas de candidatos e, finalmente, ficaram você e outra pessoa. Isso sim é uma conquista.

CHAPTER 9
A GESTÃO DO TEMPO

Blocos de tempo

D urante muito tempo se pensava que a multitarefa era uma característica positiva, no entanto, tem sido demonstrado que, na verdade, diminui a produtividade. No modo multitarefa, os interruptores do cérebro mudam de um assunto para outro, o que na realidade consome tempo. Às vezes, essa mudança cerebral leva apenas microssegundos, e outras vezes pode levar vários minutos para depois voltar para onde estava antes da interrupção.

Na realidade, na multitarefa você oferece metade (ou menos) de sua atenção para cada tarefa. Isso afeta negativamente a sua capacidade para fazer algo. Na verdade, de acordo com um estudo realizado pela Universidade de Stanford, as pessoas multitarefas têm desempenho inferior em todas as suas atividades.

Um dos efeitos da multitarefa é a perda de memória. Por exemplo, eu estava orgulhoso da minha capacidade multitarefa e a usava como um troféu. Sempre mantinha várias caixas de e-mails abertas. Com o tempo eu percebi que havia algo de errado com essa abordagem. Apesar de levantar cedo e trabalhar até às 11h30min da noite, não parecia progredir muito em minha lista de tarefas. Não importa quão duro eu trabalhasse. As interrupções constantes para receber e-mails me faziam parar o que estava fazendo e perder o foco. Isto gerou uma confusão constante entre o que eu tinha feito e que deveria ter feito.

Não era difícil encontrar e-mails respondidos pela metade, dias mais tarde, na pasta de Rascunhos quando eu pensava que já os tinha enviado.

Uma das melhores maneiras de quebrar a loucura da multitarefa é evitar distrações e dividir a jornada de trabalho em pequenos blocos de tempo e, em seguida, trabalhar sem interrupção, completamente focado em uma tarefa específica durante esse bloco específico.

Durante esse tempo não consulte e-mails, não verifique o Facebook, não envie mensagens pelo WhatsApp ou alterne entre projetos. Concentre-se apenas na tarefa que você escolheu para esse bloco de tempo específico. Esta estratégia permite assumir o controle do seu tempo e fazer as tarefas mais importantes.

Há três ações que irão ajudar você a superar o hábito multitarefa:

Ação 1: Divida sua semana ideal em blocos de tempo. Você deve incluir uma combinação de blocos de trabalho e vida pessoal. Em vez de colocar grandes blocos, como "trabalho" seja mais específico e defina categorias.

Ação 2: Use a técnica Pomodoro. Eu uso e me ajuda a me concentrar nos blocos de tempo. Esta técnica foi criada por Francesco Cirillo em meados dos anos 1980. Ele descobriu que focar intensamente em uma tarefa específica durante um curto período de tempo e, em seguida, fazer uma pausa, aumenta o foco e permite que você complete mais tarefas.

Veja como funciona:

- Crie uma lista de tarefas que deseja completar durante o dia ou durante um bloco específico de tempo.
- Coloque as tarefas em ordem de prioridade.
- Use um temporizador de 25 minutos.
- Trabalhe na primeira tarefa da lista até que o alarme soe. Este bloco de tempo é chamado Pomodoro.
- Faça uma pausa de 5 minutos. Durante esta pausa se levante e se mova. Você pode beber uma xícara de chá, café ou fazer alguns exercícios de alongamento. O importante é ter uma pausa mental completa da tarefa que estava executando. Para evitar que a quebra de 5 minutos se torne 15 minutos, use também um temporizador.
- Comece o segundo Pomodoro e continue com a sua lista de tarefas.
- Repita este processo. Depois de ter completado quatro Pomodoros, faça um intervalo de 15 a 30 minutos.
- Continue esse processo até ter feito as tarefas mais importantes do dia.

Uma das regras da técnica Pomodoro é que não existe meio Pomodoro. Se você interromper um Pomodoro, você deve começar novamente. Isto pode parecer extremo, mas é a forma de você treinar para bloquear as distrações e interrupções.

Você vai precisar de um tempo para se adaptar a técnica

Pomodoro, mas uma vez que você se acostumar, isso realmente vai ajudá-lo a entrar "na linha".

Ação 3: Utilize um método que eu chamo de "uma janela". Ter uma única janela aberta em seu computador é uma ótima maneira de reduzir a tentação de multitarefa. Por exemplo, se você reservou um bloco de tempo para atualizar uma planilha, feche todas as outras guias, incluindo Facebook e e-mail.

Simples, certo?

Tarefas por lotes

Os blocos de tempo caminham de mãos dadas com este hábito. Este hábito consiste em agrupar as tarefas semelhantes em lotes para que você possa executar com mais eficiência, pois há várias atividades que serão comuns a todas as tarefas. Este hábito também permite que você crie uma cadeia de atividades, desta forma, você vai ser menos propenso a adiar por não saber o que fazer em seguida.

Para usar este princípio você deve considerar que o nível de dificuldade exigido para executar as tarefas agrupadas deve ser gerenciável, e se você estiver utilizando a técnica Pomodoro tente agrupar as pequenas tarefas dentro de um mesmo Pomodoro.

Esse hábito pode ser aplicado de diferentes formas:

Ação 1: Lotes diários. Algumas tarefas simples (como verificar e-mail) podem ser agrupados em uma base diária. Dependendo de quanto tempo leva uma tarefa é possível que deseje reservar um ou dois Pomodoros para completa-la.

Quanto mais organizar seu tempo em tarefas semelhantes, mais flexibilidade você terá com o resto do seu dia de trabalho.

Ação 2: Programe um bloco coringa. Uma ou duas vezes por semana, tenha um bloco de tempo coringa para realizar tarefas aleatória. Mantenha permanentemente uma lista atualizada de suas tarefas pendentes para que seja mais fácil encontrar as mais importantes e agrupá-las. Priorize essas tarefas aleatórias na ordem em que devem ser concluídas.

Ação 3: Empilhe as tarefas. Crie uma lista de pequenas tarefas que estão relacionadas e que podem ser feitas em uma sequência lógica. Tente criar uma sequência que dura cerca de 25 minutos e, em seguida programe um único bloco Pomodoro para completa-las.

Embora possa parecer obsessivo adicionar pequenas tarefas à lista, como tomar vitaminas, esta técnica torna muito mais fácil de lembrar. E também lhe dá um impulso psicológico quando você termina esta rotina pela manhã.

Mantenha várias listas

Um provérbio chinês diz que a tinta mais fraca é melhor do que a lembrança mais forte. Isto é certo. A menos que você tenha o hábito de escrever as coisas, é provável que você se esqueça de muitas das grandes ideias que aparecem em sua cabeça.

Tentar manter tudo em sua cabeça pode ser muito estressante. Todos nós já nos sentimos sobrecarregados quando temos um monte de coisas em mente. Quando você tem uma dúzia de coisas em mente você não pode se concentrar totalmente na tarefa que está fazendo.

Se você está se sentindo sobrecarregado ou se perceber que está esquecendo muito, a melhor coisa a fazer é manter várias listas para diferentes áreas de sua vida. Aqui eu apresento 6 passos para começar a gerir o seu tempo com listas.

Passo 1: Criar projetos para cada área de sua vida.

É provável que você tenha projetos que precisa completar em diferentes aspectos de sua vida. Por exemplo, você pode querer correr uma maratona, atualizar seus registros financeiros e remodelar a sua cozinha. Cada objetivo deve ser tratado como um projeto individual com uma lista de tarefas para cada projeto.

Passo 2: Divida as grandes tarefas em tarefas de tamanhos gerenciáveis.

Como vimos, as pessoas postergam por muitas razões, e às vezes é resultado de não ter claramente os passos que precisam ser dados (sentindo-se sobrecarregado). Isso geralmente acontece quando o projeto é tão grande que simplesmente não sabe por onde começar.

A solução para isso é dividir o projeto em tarefas individuais pequenas o suficiente que podem ser concluídas em uma só sessão, de modo que quando você pensa no projeto não se sinta sobrecarregado pela quantidade de trabalho que você tem para fazer.

Passo 3: Mostrar apenas determinadas tarefas.

Para evitar a sensação de sobrecarga, você pode filtrar a lista de tarefas do projeto para mostrar apenas as tarefas que você precisa realizar em um dia específico. Por exemplo, antes de começar um dia de trabalho (ou melhor ainda, na noite anterior), marque algumas tarefas-chave como sendo alta prioridade e, em seguida, filtre a lista para mostrar apenas as tarefas que foram marcadas como alta prioridade. Desta forma, você vai se concentrar nos elementos mais importantes, sem o sentimento perturbador ou esmagador de ver a lista de tarefas completa.

Passo 4: Definir prazos específicos.

Os prazos criam um senso de urgência. Mesmo se não tem um prazo para uma tarefa, você deve dar uma data limite para gerar o senso de urgência para completar a tarefa.

Passo 5: Avalie a sua lista de projetos.

Nós todos temos momentos de inspiração e algumas das ideias que nos ocorrem e, às vezes, se converte em projetos. O problema surge quando os projetos continuam a adicionar à nossa lista sem fechar as anteriores.

Quando você percebe que determinados projetos têm estado na lista por muito tempo, avalie se você quer excluir ou começar a trabalhar neles. O fato de que sempre quis fazer alguma coisa não significa que você ainda quer fazer. Não tenha medo de remover projetos que não são mais relevantes.

Por outro lado, se o medo, a preguiça ou a insegurança que impedem de trabalhar em um projeto, pode uma ser boa ideia move-lo para o topo da lista para aumentar a sua prioridade.

Passo 6: Criar listas de verificação para atividades de rotina.

Pode parecer bobagem criar uma lista de verificação para tarefas que você faz rotineiramente, mas criar listas de verificação vai lhe dar forças para agir, especialmente se as tarefas específicas são fáceis de completar. Além disso, uma lista de verificação pode evitar que você esqueça alguma tarefa importante. Também lhe dá um sentimento de realização cada vez que você colocar uma marca de concluído ao lado de cada item que você tenha completado.

Para implementar este pequeno hábito faça o seguinte:

Ação 1: Defina um sistema para seus projetos. Este será o lugar onde você vai fazer o acompanhamento de cada projeto em que você está trabalhando. Você pode usar um sistema avançado de gestão de projeto, como BaseCamp, ou gerenciamento de tarefas do Outlook ou Gmail, ou o Ever-note (eu uso esta última opção).

Ação 2: Faça uma lista de possíveis projetos para diferentes áreas de sua vida. Esta lista deve incluir projetos para o seu trabalho, vida profissional e sua vida pessoal.

Ação 3: Tome cada um dos projetos que você listou na etapa anterior e os desmembre em pequenas tarefas individuais. Crie listas de verificação para as tarefas que você faz regularmente, e adicione ao seu sistema de gestão de projetos.

Ação 4: No final de sua jornada de trabalho (ou na primeira hora da manhã), planeje as tarefas mais importantes que precisam ser terminadas e se concentre nelas ao começar o dia.

Levante cedo

A manhã é a parte mais importante do seu dia de trabalho, mesmo se você é uma pessoa que prefere trabalhar à noite. Os empresários mais bem-sucedidos acordam três horas antes dos que fracassam. Li recentemente um artigo intitulado "29 pessoas bem-sucedidas que acordam muito cedo", e eu pude ter uma ideia do que é preciso para ter sucesso ao observar como essas pessoas começam seus dias:

- Brett Yormark CEO da Brooklyn Netses, levanta-se às 3h30min para chegar ao seu escritório às 4h30min. Uma vez lá, organiza seu dia e envia e-mails de motivação para sua equipe.
- Dan Akerson, CEO da General Motors, raramente acorda depois de 4h30min ou 5h. Durante as primeiras horas da manhã se conecta com os seus parceiros na Ásia.
- Irwin Simon, CEO da Hain Celestial Group, levanta ás 5h, verifica seus e-mails, verifica as operações na Europa e na Ásia, ora, caminha com o seu cão e faz exercícios antes de seus filhos se levantarem.
- Jack Dorsey, CEO da Square, levanta às 5h30min, e separa o tempo necessário para meditar e para correr 4 quilômetros antes de iniciar sua jornada de trabalho.
- Richard Branson, fundador e presidente do Virgin Group, levanta às 5h45min e passa a primeira parte do seu dia fazendo atividades físicas e toma café da manhã antes de ir trabalhar.

Como você pode ver nos exemplos acima, esses empresários bem-sucedidos iniciam seus dias entre 3h30min e 5h30min, e usam a manhã nas seguintes atividades:

- Colocam seus e-mails em dia.
- Oram / meditam.
- Fazem atividades físicas.

- Se atualizam com as notícias.
- Cuidam de suas famílias (incluindo animais de estimação) antes de ir para o trabalho.
- Tomam o café da manhã.
- Se conectam com as pessoas em fusos horários diferentes.

Todos nós temos nossas preferências pessoais a respeito de como começar o dia, mas a chave é se concentrar em atividades que têm o maior impacto sobre seus objetivos principais.

Você ainda não tem certeza de que levantar tão cedo seja o melhor? Então, vamos ver quatro benefícios do hábito de "acordar cedo":

Benefício 1: Trabalhar em um ambiente livre de distrações

A grande vantagem de levantar cedo é que há menos distrações, já que a maioria das pessoas ainda está dormindo. É improvável que telefonemas o interrompam neste período na parte da manhã, e a maioria dos ambientes de trabalho estão em silêncio. Seus pensamentos e seu foco estarão em tarefas importantes.

Benefício 2: Planejar o seu dia

Levantar cedo permite a você rever compromissos programados e planejar outros antes de ser absorvido pela agenda do resto do mundo.

Benefício 3: Concluir as tarefas mais importantes

A maior vantagem de levantar cedo é a capacidade de se concentrar nas tarefas importantes que exigem mais concentração. Muitas vezes, essas atividades serão mais bem realizadas enquanto você ainda está com a mente descansada. Em muitos casos, você acaba com estas tarefas, antes mesmo que o restante acorde. A vantagem aqui é que, independentemente do que aconteça durante o dia você abordou a prioridade número 1 da sua agenda.

Benefício 4: Definir o tom para o resto do dia

Ao levantar cedo você define o tom para o resto do seu dia. Em vez de começar o dia estressado e apressado, seu dia pode começar calmo. Você realiza as tarefas importantes e enfrenta o dia com uma mente clara.

Se você é uma coruja você pode resistir à ideia de se levantar cedo. No entanto, você pode treinar para levantar-se moderadamente cedo. Por exemplo, eu ficava trabalhando até ás 3h da madrugada e levantava depois das 10h. Somente quando adotei o hábito de escrever diariamente que percebi a importância de começar o dia com o pé direito. Agora, a maioria dos dias eu acordo entre 6h30min – 7h30min. Ao fazer isso, eu criei uma rotina matinal que inclui o seguinte:

- Eu tomo um banho rápido. Isso ativa meu cérebro para o novo dia que começou.
- Me exponho a luz do dia. Eu abro as cortinas e tomo sol enquanto tomo o café.
- Me hidrato bebendo chá verde.
- Consumo algum alimento. Não é preciso tomar um grande café da manhã. Na verdade, isso pode reduzir a sua velocidade e fazer você se sentir

lento. É melhor tentar consumir algo pequeno, como uma fruta, uma barra de cereal ou iogurte.

O importante é investir seu tempo com sabedoria e evitar fazer coisas que consomem a sua energia. Não importa o quão tentado você seja, evite navegar na internet, ver televisão, verificar as redes sociais ou ouvir rádio durante a primeira hora do dia. Reserve essas atividades para a pausa ao meio-dia. Explique para quem vive com você a importância deste momento e porque precisa ficar sozinho para completar suas atividades matutinas.

Crie uma rotina diária: Acordar cedo e se exercitar

O objetivo de criar uma rotina diária é conseguir uma consistência. A rotina diária é especialmente útil em dias difíceis, uma vez que não requer muito pensamento ou reflexão de sua parte para fazer o que você tem que fazer.

Eu, pessoalmente, recomendo que você adicione duas coisas à sua rotina diária. A primeira é acordar cedo e a segunda é fazer um pouco de exercício.

Quando jovem, eu nunca fui uma pessoa que se levantou cedo. Penso que foi porque, provavelmente, eu fiquei até tarde estudando quando estava na faculdade. Depois de me formar eu ficava trabalhando até tarde da noite, porque eu pensava que assim poderia fazer mais coisas.

Como resultado, sempre foi difícil acordar cedo na manhã seguinte. Meu dia realmente não começava até depois do meio dia, porque antes eu estava sempre com muito sono. Finalmente percebi que essa rotina estava afetando meu desempenho no trabalho.

Foi então que mudei minha rotina e comecei a levantar

mais cedo. Em vez de levantar às 8h30min eu me obriguei a levantar às 7h30min. Para me certificar que começaria o dia com o pé direito, comecei a correr por 20 minutos todas as manhãs. Apenas essas duas pequenas alterações na minha rotina já criou uma grande diferença em todo o resto do dia.

Ao acordar mais cedo fui capaz de criar mais tempo para fazer exercícios físicos. Antes eu só os fazia a noite, mas fazer exercícios pela manhã é muito mais eficaz e define o tom para o resto do dia.

O exercício faz com que eu me sinta cheio de energia e me mantém assim durante todo o dia, mesmo que eu acorde me sentindo pesado, o exercício me ajuda a acordar mais rápido. Se você acha que não tem tempo, se force a fazer pelo menos 10 minutos de corrida todos os dias. Você vai agradecer.

CHAPTER 10
VIDA SAUDÁVEL

Todos nós temos momentos de estresse, mas alguns são tão avassaladores que corremos o risco de perder a paixão para alcançar nossos objetivos. A fim de aumentar nossas chances de sucesso é necessário se concentrar em levar uma vida equilibrada.

Faça pausas frequentes

De acordo com a JAMA, 6% das mortes no mundo são causadas por inatividade. Isto independe do sexo, idade e do índice de massa corporal. Passar muito tempo sentado tem um impacto significativo sobre a função metabólica, aumento dos níveis de triglicerídeos, do colesterol e diminui a sensibilidade à insulina.

Mesmo que você tenha uma rotina de exercícios semanais, ainda é importante se levantar e, frequentemente, se mover durante o seu dia de trabalho. Estas pausas intermediárias ajudam a recarregar o seu físico e suas baterias mentais, e também pode fazer uma grande diferença na sua saúde e bem-estar geral.

Você pode pensar que se trabalhar incansavelmente isso vai proporcionar vários benefícios, mas a verdade é que, com o tempo, vai afetar a sua produtividade e sua saúde.

Faça pausas frequentes durante a sua jornada de trabalho, mas sem afetar a sua produtividade. Aqui estão algumas formas de fazê-lo:

Ação 1: Usar a pausa do Pomodoro para se mover. Por padrão, você tem 5 minutos de intervalo entre cada Pomodoro e uma pausa de 30 minutos depois de completar 4 destes blocos. Isto dá-lhe tempo suficiente para se mover. Com intervalos de 5 minutos, eu o encorajo a levantar-se da cadeira e caminhar em torno de seu local de trabalho. Para o intervalo de 30 minutos saia e tome um pouco de ar fresco. Você pode até ouvir um audiolivro enquanto caminha, se preferir.

Finalmente, também é importante que você se recompense de tal maneira que necessite se levantar e se mover depois de completar um Pomodoro, por exemplo, você pode levantar-se e fazer uma xícara de seu chá favorito.

Ação 2: Faça séries de exercícios rápidos durante todo o dia, como subir e descer as escadas, esticar seus músculos ou fazer qualquer outro tipo de exercício que você preferir.

O tipo de atividade física que você faz realmente não importa, o importante é fazer pausas ativas. Você ficará surpreso com os efeitos cumulativos de fazer pequenos blocos de exercícios ao longo do dia.

Crie um "timeout" Tempo de desconexão

Alguma vez nos disseram que a tecnologia nos ajudaria a ganhar tempo. Isso é verdade na teoria, mas na realidade muitas pessoas seguem tendo muito pouco tempo livre para se desconectar. E por isso é importante criar um "tempo de desconexão".

Ficar off-line de forma regular vai ajudar você a se concentrar em outras coisas que são importantes, como passar tempo com a sua família. Da mesma forma que você separa tempo para fazer certas tarefas, precisa desenvolver o hábito de separar tempo para se desconectar.

Por exemplo, pode ser útil silenciar o seu Smartphone, pelo menos, uma hora antes de ir para a cama para que você possa fazer a transição para o modo de descanso.

É importante pensar com cuidado se a tecnologia que você utiliza melhora a sua vida. Se a conectividade permanente o está afetando negativamente, pode ser que seja o momento de tomar medidas e se desconectar de forma regular.

Em seguida veremos um plano simples para implementar seu tempo de desconexão:

Ação 1: Estabeleça duas horas todos os dias durante o qual ninguém vai interromper você. Pode ser de manhã quando você está focado trabalhando em suas atividades prioritárias.

Ação 2: Crie um "horário de expediente" quando você pode ser contatado por telefone ou responder e-mail. Isto irá lhe devolver o controle de seu horário.

Ação 3: Separe um tempo para estar longe do computador. Por exemplo, você pode querer passar um dia por semana ao ar livre ou com as pessoas que são mais importantes para você.

Você pode até mesmo ir além e se desconectar da tecnologia, pelo menos uma hora por dia e voltar ao básico utilizando alguns métodos da velha escola, como escrever um plano usando lápis e papel.

Ação 4: Seja intencional sobre o uso de e-mail. Em vez

monitorar de forma contínua sua caixa de entrada, dedique um tempo específico para esta atividade. O resto do tempo, não verifique sua caixa de entrada, a menos que você esteja esperando uma mensagem importante.

Pessoalmente, eu me sinto mais criativo na parte da manhã, por isso me dedico às tarefas importantes, em vez de passar o tempo olhando as redes sociais ou e-mail.

O email é uma parte importante da vida hoje em dia, no entanto, deve ser gerido de uma forma que não te faça ficar muito tempo longe de suas atividades importantes. O truque consiste em estabelecer limites de tempo e aderir a uma programação.

Faça exercícios regularmente

A maioria das pessoas têm dificuldades em encontrar tempo para fazer tudo o que devemos fazer. Os dias parecem nunca ter horas suficientes e ao final do dia, a última coisa que você pensa é em fazer uma atividade física. Certamente eu entendo esses sentimentos, mas aqui quero mostrar a você como o exercício regular pode, não só melhorar a sua saúde, mas também melhorar o seu rendimento.

De acordo com um artigo publicado no business.time.com as pessoas que se exercitam regularmente ganham 9% a mais do que aquelas que não fazem nenhuma atividade física. Além dos potenciais benefícios financeiros, o exercício regular também pode proporcionar muitos benefícios psicológicos, tais como a diminuição da ansiedade, a melhora a função cerebral e melhorar sua autoestima.

Se você não está em forma, a boa notícia é que nunca é tarde para começar.

De acordo com o mesmo artigo mencionado acima, as pessoas com uma rotina de exercícios também aumentaram a sua produtividade. Estes estudos foram conduzidos com trabalhadores que não têm muito controle sobre seu tempo e renda. Se você é um empreendedor, os resultados podem ser ainda mais surpreendentes, uma vez que o seu rendimento está, muitas vezes, diretamente ligado à sua produtividade.

Benefícios para a saúde física e mental

Não deveria ser nenhuma novidade que a prática de exercício físico regular traz muitos benefícios para a saúde, mas também aumenta as chances de viver uma vida longa e saudável. Esses benefícios podem também ter um impacto sobre muitos outros aspectos da sua vida.

Por exemplo, o exercício físico regular pode aumentar sua resistência e concentração. Independentemente do seu tipo de atividade, você precisa de força e concentração tanto quanto possível.

Se você sofre de depressão, tem ainda mais motivos para se exercitar. De acordo com um estudo de Harvard, correr algumas voltas ao redor de seu bloco não vai servir muito para combater a depressão, mas um programa de exercício físico regular é mais eficaz no alívio de sintomas de depressão, se comparado com a terapia medicamentosa, e não tem nenhum dos efeitos colaterais (como ganho de peso) comumente associados aos antidepressivos.

Tempo para pensar

Outro grande benefício do exercício físico regular é que ele lhe dá tempo para pensar. Pessoalmente, o tempo durante o qual eu saio para correr funciona como um tempo para fazer um brainstorm enquanto penso em meus projetos.

Todas as atividades exigem pensamento. Você pode ter reuniões importantes para as quais precisa se preparar mentalmente, talvez você precise resolver problemas ou criar novos produtos. Seu tempo de exercício é uma grande oportunidade para criar de ideias inovadoras e buscar soluções.

Alívio do estresse

A vida de estudante e profissional pode ser muito estressante, mas também existem obrigações pessoais a considerar. Isto é especialmente verdade para as pessoas que têm parceiros, filhos, pais idosos, etc.

A atividade física pode ajudar a reduzir o estresse e lhe dar um pouco de um precioso "tempo" para se desconectar das pressões da sua vida diária.

O objetivo deste capítulo não é dar uma palestra sobre a importância da atividade física. No entanto, se você quer reduzir o estresse e ser mais produtivo, você pode conseguir isso criando um treino rápido. Segue um plano de ação para estimular você a começar:

Ação 1: Com base em sua experiência passada, escolha um tipo de exercício para a fazer. Não sabe qual escolher? Meu conselho é começar com um programa de caminhada.

Caminhar é uma opção de baixo custo, não importa onde você vive! No geral recomendaria esta atividade porque é a atividade mais flexível para uma pessoa estressada. Tudo que você precisa é um bom par de tênis e um destino.

Ação 2: Explore as opções de academias e centros de recreação em sua região. Você pode encontrar personal trainer e equipamentos para tornar a atividade física mais divertida e eficaz.

Ação 3: Se você tiver condições físicas que o impedem de fazer certos exercícios, não desista. Procure outros tipos de exercícios que você possa fazer, apesar de suas limitações. Por exemplo, se caminhar faz com que os seus pés doam, pense em exercitar-se em uma piscina.

Ação 4: Se você tem dificuldade em fazer atividade física de forma contínua, um parceiro de atividades pode ser uma boa opção para ajudá-lo a ter disciplina. E também pode fazer com que esta rotina seja mais divertida.

Ação 5: Independentemente do tipo de atividade física que você escolher, inclua em sua programação diária. Se não fizer isso, é provável que você não vai encontrar tempo para fazê-la. Trate este compromisso como qualquer outra coisa importante que você nunca esquece. Faça disso uma prioridade.

Viver um estilo de vida saudável

Exercício é apenas uma parte da equação. Embora seja um excelente ponto de partida, também requer a integração de outros hábitos saudáveis.

A mente e o corpo estão ligados entre si. Um estilo de vida saudável pode afetar não só o seu corpo, mas também sua mente, por isso pode ter um enorme impacto sobre a realização de seus objetivos.

A boa notícia é que não é necessário ser um atleta olímpico, vegano ou se abster 100 % do álcool. Moderação é a chave. Na verdade, um exagero ocasional (como um hambúrguer, sobremesa ou cerveja) pode ajudá-lo a atingir suas metas de saúde por um longo período de tempo, porque você sabe que você não precisa se abster pelo resto de sua vida.

Quando se trata de alcançar um equilíbrio saudável é necessário planejar as "escapadas". Por exemplo, você pode se permitir alguns "excessos" durante o fim de semana, mas se alimentar saudavelmente durante o resto da semana. Ou você sabe que tem que ir a um casamento ou uma festa e se permitir comer o que é servido sem se sentir culpado.

O planejamento dessas escapadas é importante porque é menos provável que se sinta fracassado e desista.

Incremente pequenas mudanças

Se você come um monte de fast food, bebe grande quantidade de álcool ou tem outros hábitos pouco saudáveis, não é prudente tentar mudar do dia para a noite. Em vez disso, é melhor fazer pequenas mudanças aos poucos.

Por exemplo, se você bebe duas cervejas por semana, diminua para uma por semana. Se você come apenas alimentos processados, comece a comer uma fruta ou beber um suco verde por dia. Uma vez que estas pequenas alterações se tornam automáticas, vá alterando mais coisas.

Você vai ficar surpreendido com o quanto a sua saúde pode melhorar fazendo essas pequenas mudanças.

Para implementar esses pequenos hábitos faça o seguinte:

Ação 1: Pegue um pedaço de papel e faça uma linha no meio. No lado esquerdo escreva as coisas que você está fazendo bem em relação à sua saúde. Anote tudo não importa quão grande ou pequeno seja o hábito. No lado direito anote tudo o que você faz que não é bom para sua saúde.

Ação 2: Escolha no lado esquerdo do papel um hábito

saudável e faça um plano para aumentar ligeiramente. Por exemplo, se normalmente bebe um copo de água por dia, aumente para dois.

Ação 3: Escolha no lado direito um hábito pouco saudável e faça um plano para eliminar ou reduzir. Por exemplo, se você é um fumante você pode ter dificuldades para parar de fumar completamente, mas você pode optar por reduzir o número de cigarros que fumam por dia.

Ação 4: Substitua um mau hábito com um bom hábito relacionado. Se atualmente você tomar dois refrigerantes por dia, elimine um dos refrigerantes e substitua com um suco verde.

Você também deve determinar os desarranjos que você quer se permitir, por exemplo, a pizza durante o fim de semana.

Ação 5: Sobre uma base diária ou semanal avalie suas atitudes em relação aos seus hábitos de saúde.

Não desista se você fez coisas erradas. Em vez disso, considere o que você pode fazer no futuro para evitar cometer o mesmo erro. Note que cada dia oferece uma nova oportunidade para começar de novo.

Durma o necessário

Você sente orgulho de ser capaz de trabalhar duro e ter poucas horas de sono? A sociedade de hoje glorifica a prática de ser tão ocupado e trabalhar tanto a ponto que você não pode dormir bem à noite.

As bebidas com cafeína são adoradas a tal ponto que muitas pessoas brincam com própria incapacidade de sobreviver sem a sua dose diária de cafeína. O consumo de bebida energética também tem aumentado nos últimos anos. Em suma, mais e mais pessoas dependem, de alguma forma, de estímulo químico para ter o rendimento que desejam.

Embora não haja nada de errado em apreciar uma boa xícara de café, ou mesmo uma bebida energética, ocasional-mente, há consequências graves para o excesso de consumo dessas bebidas, em especial bebidas energéticas.

Por exemplo, de acordo com o *Medical News*, hoje em dia, a quantidade de chamados de emergência relacionados ao consumo de bebidas energéticas duplicou entre 2007 e 2011.

Além da cafeína, as bebidas energéticas também contêm açúcar e outros aditivos químicos que os tornam uma das opções menos saudáveis que existem.

Se você ainda quer escolher um veneno para beber, o café é uma opção melhor do que as bebidas energéticas, mas uma opção ainda melhor é apenas desfrutar de um boa noite de sono.

Quantas horas de sono você precisa?

A maioria de nós já ouviu falar que precisamos dormir 8 horas por noite, mas somos todos diferentes uns dos outros. Algumas pessoas precisam dormir mais do que outras.

De acordo com um estudo realizado pela Faculdade de Medicina da Universidade da Califórnia, San Diego (UCSD), as pessoas que dormem de seis a sete horas por noite têm uma taxa de mortalidade menor do que aqueles que dormem oito horas. Se você dorme uma média de 6,5 horas por noite, além de aumentar a sua expectativa de vida também aumenta a sua produtividade por ter mais horas de vigília.

A chave para um boa noite de sono é controlar o seu ambiente. Há alguns micro hábitos que garantem que você vá para a cama na hora certa e o preparam para uma noite completa de sono.

Ação1: Use sons relaxantes ou bloqueie o som do ambiente para induzir o sono. Pode buscar um aplicativo de ruído branco para o seu Smartphone. Você também pode usar tampões de ouvido para bloquear o som.

Ação 2: Vá para a cama mais cedo. Sem dúvida dormir cedo é uma das melhores maneiras de dormir mais. Se você deitar e dormir antes da meia noite e se levantar as 6h da manhã, terá pelo menos 6 horas de sono.

Comece por identificar as suas "horas normais de sono" e, em seguida, calcule para ver a que horas você tem que ir para a cama para ter um sono reparador. De agora em diante experimente diferentes quantidades de hora e veja quão descansado você se sente pela manhã. Encurte o espaço de tempo até você descobrir a sua quantidade ideal de sono.

Ação 3: Elimine o fumo, e não beba álcool ou bebidas com cafeína antes de deitar. Todas estas substâncias o mantém acordado.

Ação 4: Crie um ambiente de sono confortável. Mantenha lençóis limpos, um travesseiro confortável e invista em roupas que ajudam a se sentir confortável e relaxado. Ajuste a temperatura no seu ponto certo.

Desligue todos os dispositivos eletrônicos, pelo menos, 30 minutos antes de ir para a cama.

Finalmente, use o seu quarto apenas para dormir e para sexo. Se você tem uma televisão no quarto, tire de lá. Elimine o hábito de usar o computador quando você estiver na cama.

Ação 5: Visualize uma cena relaxante como caminhar na praia, de um passeio no jardim ou faça uma massagem. Acostume-se a pensar em coisas que o relaxam em vez de pensar sobre o seu trabalho ou outros aspectos da vida que possa ser perturbador.

Medite e mantenha um diário

A meditação é uma disciplina praticada em todas as grandes religiões, e até mesmo por pessoas que não são religiosas. Independentemente se você se considera uma pessoa religiosa ou não, você pode se beneficiar da meditação.

Aqui relaciono algumas práticas de três religiões que usam a meditação. A ideia é escolher uma opção que funcione para você, mesmo que você não seja religioso.

As pessoas da fé Baha'i recitam 95 vezes uma frase em árabe que significa "Deus é o mais glorioso." Uma alternativa não-religiosa poderia ser recitar afirmações que sejam significativas para você.

A meditação budista está centrada na transformação da mente através da meditação. Uma aplicação não-religiosa seria observar algumas das suas crenças não saudáveis e gastar tempo focado pensando em crenças contrárias.

Os cristãos muitas vezes se concentram em suas meditações sobre versículos bíblicos e pensam profundamente sobre as palavras e frases específicas. Uma alternativa não-religiosa, poderia ser pensar profundamente sobre um evento que irá inspirar e desafiar você, de alguma forma.

Algumas pessoas bem-sucedidas como Oprah Winfrey, Bill Ford (CEO da Ford Motor Company) e Arianna Huffington (presidente e editora-chefe do Huffington Post media Group), declararam que a meditação pode ajudar a:

- Reiniciar o cérebro e a alma
- Relaxar a mente ocupada
- Reduzir a dor (por exemplo, enxaquecas)

- Desenvolver qualidades positivas como a paciência
- Encher de esperança, alegria e contentamento
- Aumentar a criatividade

Mantenha um diário

Talvez a meditação não seja para você, ou talvez você apenas pense melhor com uma caneta e papel na mão.

Com o hábito de fazer um diário não só será capaz de organizar seus pensamentos, mas também manter um registro escrito de suas ideias para que possa rever no futuro.

O diário não precisa ser complicado ou "profundo". Tudo bem fazer o exercício de escrever sem qualquer objetivo em mente, apenas para colocar os seus pensamentos para o papel. Se você não pode pensar em nada para escrever, escreva algo como "isso é bobagem. Eu não posso pensar em nada para escrever." Em algum ponto do processo você começará a escrever as coisas que estão no seu subconsciente.

Um ponto importante a ter em mente é que não tem que manter um diário de uma maneira determinada. A melhor regra para um diário é que não há regras.

O hábito de meditação ou de fazer um diário não é tão difícil de adotar. Aqui estão algumas dicas para começar:

Ação 1: Escolha meditar ou fazer um diário. Cada método é valioso, de modo que para ter mais sucesso comece com o que você gosta mais.

Ação 2: Se comprometa a escrever em seu diário ou meditar por cinco a dez minutos por dia. Muitas pessoas acham útil ser a primeira coisa a fazer na parte da manhã ou um pouco antes de ir dormir.

Ação 3: Se você decidir fazer um diário, utilizar um caderno bonito, te inspira a escrever, então compre o melhor que você pode encontrar. Se você preferir a tecnologia, faça download de algum tipo de aplicativo "diário de vida" para o seu Smartphone.

Faça algo divertido

Provavelmente a maior parte do dia você fique super focado no seu trabalho ou projetos. Se você não está disciplinado e não trabalhar duro você nunca terá sucesso. No entanto, o que nos mantém produtivos é uma mistura de trabalho e lazer. Ao encontrar esse equilíbrio você será uma pessoa bem-sucedida, enquanto reduz o estresse e evita o cansaço.

Momentos artísticos

Os "momentos artísticos" são momentos que irão ajudar você a recarregar as baterias e a desenvolver a criatividade. Há apenas uma regra: você tem que fazer isso sozinho. O principal benefício de fazer as coisas sozinho é simplesmente porque você não tem que se preocupar em agradar ninguém. Pode parecer egoísta, mas realmente faz diferença quando você precisa recargar as energias.

Uma coisa importante a lembrar é que momentos artísticos podem beneficiar qualquer pessoa, você não precisa ser um artista.

Há muitas coisas que você pode fazer em seus momentos artísticos, incluindo:

- Ir fazer uma caminhada e levar sua câmera para documentar a experiência.

- Assistir a um filme indicado ao Oscar ou a um filme estrangeiro.
- Visitar uma loja criativa que não tem nada a ver com o que você faz. Pode ser uma loja de arte, uma loja de tecidos, etc.
- Participar de uma amostra de arte local.
- Consultar sobre seus filmes e livros favoritos ou escolher um mentor. Investigar tudo sobre a vida dele para se motivar.
- Planejar uma viagem de carro curta.
- Escrever uma carta para a pessoa que você vai ser o resto de sua vida.

Há muitas coisas que você pode fazer em um momento artístico, tudo depende de você. Se precisar de inspiração pode encontrar mais ideias na internet.

A seguir estão alguns dos benefícios.

Benefício 1: Pode ajudar você a ver as coisas de uma perspectiva diferente. Independentemente da sua atividade, você vai experimentar desafios que requerem um outro ponto de vista. Você será forçado a mudar sua maneira de ver as coisas.

Se bem que você não deve pensar de forma intencional em sua atividade enquanto você está em um momento artístico, o fato de remover de sua mente e fazer algo para se divertir pode fazer com que a solução apareça na sua cabeça.

Benefício 2: Os momentos artísticos são rejuvenescedores. Se você não fizer as coisas para relaxar em algum momento você vai ficar aborrecido. Estes momentos o ajudam a esquecer temporariamente os problemas e a aliviar o estresse.

Benefício 3: Você pode conhecer alguém que pode

ajudá-lo. Já dissemos que os momentos artísticos devem ser realizados isoladamente, mas se você costuma sair de casa, pode conhecer outras pessoas.

Recarregar as energias *fora* do trabalho é importante para o seu sucesso. É por isso que é importante fazer o seguinte:

Ação 1: Planeje um momento artístico para passar um tempo sozinho fazendo algo que você gosta e que o faça sentir-se renovado. Se isso não parece uma atividade atrativa para você, então programe uma atividade que você possa compartilhar com os amigos ou a família. A chave é programar como qualquer outro compromisso importante em seu calendário.

Ação 2: Considere retomar um hobby que você teve no passado e que tem negligenciado. Não tem que ser, necessariamente, uma atividade importante, reserve apenas 15 a 30 minutos por dia. Isso é o suficiente para relaxar e descontrair.

Ação 3: Adicione pequenos momentos de diversão todos os dias, como beber um tipo especial de chá ou dar um passeio no parque. Sempre que você sente que está aumentando a pressão, faça uma pausa e desfrute de uma atividade rápida.

CHAPTER 11
O AMBIENTE

Se faça conhecido

Quando me formei pela Universidade imediatamente consegui um emprego. Eu trabalhava duro e cumpria todas as metas que me davam, mas eu notei que eram os meus colegas de trabalho que ganhavam o reconhecimento nos projetos.

Isso começou a me frustrar muito. Não que eu tenha trabalhado mais, todos trabalhávamos igual, mas por algum motivo meus esforços não eram reconhecidos. Então eu decidi parar e observar o que estava acontecendo e isso é o que eu descobri:

- Os meus colegas eram sempre os primeiros a se apresentar quando chegavam pessoas novas.
- Sempre eram os primeiros a iniciar conversas.
- Basicamente, eles se faziam conhecidos.

E eu fazia o oposto. Só me concentrava no meu trabalho

e esperava que a qualidade do meu trabalho falasse por si. Eu não estava me apresentando aos demais.

Então, eu comecei a imitar meus colegas. Comecei a perguntar a cada segunda-feira para as pessoas como foi seu fim de semana. Eu tentava fazer piadas e fazer as pessoas rirem antes de começar cada reunião. Se era necessário pedir aos meus colegas, eu sempre mantinha uma pequena conversa antes de falar de trabalho.

E obviamente as coisas mudaram. Eu comecei a ter mais reconhecimento pelo meu trabalho. Não era porque agora eu estava trabalhando mais, mas porque eu estava me fazendo mais conhecido. A boa notícia é que não precisa muito esforço para tornar-se conhecido, mesmo se você for introvertido. Minhas recomendações são:

- Seja o primeiro a se apresentar.
- Seja o primeiro a cumprimentar quando você vê pessoas.
- Se você estiver em uma reunião, ser o primeiro a falar. Se você quer dar sua opinião, faça antes que alguém a pergunte.
- Se você estiver em uma conversa e as pessoas não estão ativamente envolvidas, peça a opinião delas. Faça as outras pessoas se sentirem valorizadas.

Estas são apenas algumas dicas, mas elas são o suficiente para fazer com que você seja conhecido.

Torne-se um bom comunicador

Toda vez que eu me encontro preso ou me sinto sem inspiração, uma das minhas atividades favoritas é buscar no YouTube um discurso motivacional. Estes geralmente são:

- Discursos de empresários bem-sucedidos.
- Discursos vestiários dos jogos de futebol.
- Entrevistas ou palestras inspiradoras.

O que eu mais gosto nesses vídeos não é o tema que está sendo tratado, mas como eles são tratados e contados. Os excelentes comunicadores são mestres da narrativa. A capacidade de compartilhar sua visão com os outros e a capacidade de obter apoio e cooperação, são as características de um excelente comunicador.

Como se tornar um bom comunicador?

O primeiro passo é se tornar um grande ouvinte. Quando você compreende as metas e objetivos de outras pessoas, você pode articular sua visão para que esteja claramente alinhada com as suas aspirações.

Nada destrói as relações mais rápido do que o excesso de ego. Em vez de ser orgulhoso e arrogante, concentre seus recursos na compreensão do ponto de vista da outra pessoa. Isto vai dar um nível de autenticidade e transparência que as pessoas vão respeitar.

Para ser um excelente comunicador é necessário a prática. Se você está falando com um amigo, um estranho ou em um lugar público, sempre à procura de oportunidades de praticar. Pouco a pouco você perderá o medo.

Encontre um companheiro de responsabilidade

Depois de fazer pequenas alterações para eliminar o medo e viver uma vida com propósitos, você precisa de um companheiro de responsabilidade. Um parceiro de responsabilidade é alguém que ajuda você a lembrar os compromissos que assumiu.

Eu costumo buscar alguém com as seguintes características:

Confiança: Você deve ser capaz de confiar na outra pessoa para guardar as coisas confidenciais, se necessário.

Honestidade: Se você não estiver avançando ou se desviar do seu caminho, o seu parceiro deve ser honesto o suficiente para lhe chamar e dar um feedback construtivo. Deve querer o melhor para você, sempre.

Desafiador: Ele deve ser capaz de colocar você a prova e deve estimular você em vez de julgar.

Responsável: Deve ser suficientemente confiável e responsável para se manter na medida do seu progresso.

Quem pode ser um bom parceiro de responsabilidade? Pode ser um membro da família, um amigo próximo, um colega ou um cônjuge. Basicamente qualquer um que atenda as características acima.

Se você não pode encontrar alguém eu recomendo que mantenha um blog e publique o seu progresso. Usar uma plataforma pública vai ajudar a criar um senso de responsabilidade. Outra maneira é participar de fóruns relacionados aos seus objetivos.

Se mantenha rodeado de positividade e inspiração

Seu ambiente desempenha um papel importante na forma como você vive a sua vida. Ele não se refere apenas as pessoas ao seu redor, mas também ao seu ambiente.

Quando eu era jovem e chegava em casa depois da Universidade, era comum encontrar meus pais discutindo sobre dinheiro. No início, me esforçava para ignorar esta situação, mas chegou um momento em que era uma situação muito difícil de lidar. Isto criou uma energia negativa em toda a casa e, sem dúvidas, começou a me afetar.

Minhas notas oscilaram, não comia nem dormia bem, e eu comecei a ficar muito doente. E foi somente quando eu me mudei que comecei a me sentir melhor. Foi então que eu percebi o papel desempenhado pelo meio ambiente na minha vida.

Para viver uma vida com propósito, eu recomendo que você se mantenha cercado de um ambiente de positividade e inspiração.

Os conselhos a seguir irão ajudar você:

- Eu sou um fã de citações motivacionais. Encontre algumas de suas favoritas e escreva ou imprima e cole em um lugar que as veja todos os dias.
- Se você tem um herói ou modelo a seguir, faça o mesmo. Imprima sua imagem e cole em um espelho ou na parede.
- Muitas vezes as pessoas são muito duras consigo mesmas e não se dão o crédito que merecem. Liste as coisas que você sente orgulhoso e as anote.
- Sempre que você tiver uma oportunidade, ouça audiolivros motivacionais. Eu geralmente faço isso quando uso o transporte público ou quando eu estou me exercitando.
- E esta é a dica mais importante quando se trata

de cercar-se com de um ambiente positivo: **É
você quem decide com quem se relaciona.**

*Você deve estar ciente de que as decisões das pessoas ao seu
redor e como elas vivem influenciarão as decisões que você toma
sobre si mesmo. Você deve assumir a responsabilidade desta situação. Isso não significa que você deve mudar de amigos, mas que
você deve ter cuidado com as decisões que você toma quando está
com eles.*

Nunca pare de aprender

Guardei o melhor para o final, porque esta é a minha
mudança favorita. Nunca parar de aprender. A única
maneira que você realmente tem de eliminar o medo e viver
uma vida com propósitos é ser melhor a cada dia. Nós já
vimos esse ponto no capítulo anterior, e agora vamos
expandi-lo.

A vida nunca para de nos ensinar, então, por que
algumas pessoas param de aprender?

A maioria das pessoas assumem que a aprendizagem só
ocorre na escola, e isso é um erro. A maioria das pessoas
assumem que a aprendizagem só é necessária quando relacionadas ao trabalho, e se equivocam novamente.

Eu preciso que você faça uma promessa. Preciso que
você prometa que nunca vai parar de aprender. Se você quer
aprender uma linguagem de programação, aprender culi-
nária francesa, a fazer um arranjo floral, etc., apenas certifique-se de reservar um tempo cada dia para fazê-lo. A cada
aprendizado você está progredindo.

Decida ler um livro e reserve tempo cada noite para
fazê-lo até terminar. Decida fazer um curso on-line para

aprender uma nova habilidade e reserve o tempo para fazê-lo diariamente. Se coloque a prova.

A complacência é inimiga do progresso. Não se permita ficar acomodado. Mesmo que você ache que tem tudo o que quiser, continue se pressionando a ser melhor.

Vou terminar esta seção com uma citação de Henry Ford:

"Qualquer um que deixa de aprender é velho, se você tem 20 anos ou 90 anos. Qualquer pessoa que está aprendendo é jovem, e o melhor da vida é manter a mente jovem".

Nunca pare de aprender.

CHAPTER 12
PRODUTIVIDADE

Maximize o seu "ponto doce" produtivo

Você é uma pessoa que madruga? Ou você é como uma coruja que funciona melhor à noite? Embora existam muitos benefícios em levantar cedo, a chave é encontrar a hora do dia que você é mais produtivo e maximizar.

Por exemplo, eu sou uma pessoa que acorda cedo e trabalha melhor na parte da manhã. Se eu não começar a trabalhar cedo provavelmente não farei muita coisa durante o dia.

Por outro lado, minha esposa é completamente o oposto. Ela tende a funcionar melhor à noite, às vezes passa a maior parte da noite trabalhando em seus projetos.

Realmente nenhuma forma é certa ou errada. O importante é fazer as tarefas mais importantes no momento mais produtivo do dia, sempre que possível. A seguir, cinco dicas para começar.

Passo 1: Identifique o seu ambiente de trabalho ideal.

Algumas pessoas trabalham bem em um café com muito ruído ao redor. Outros preferem um lugar calmo, ou talvez mesmo um ambiente silencioso. Embora você não possa ser capaz de controlar o seu ambiente de trabalho 100% do tempo, é importante descobrir o que funciona melhor para você. Maximize a sua produtividade ao passar tanto tempo quanto for possível no seu ambiente de trabalho ideal, no seu momento mais produtivo do dia.

Passo 2: Aproveite a "Regra 80/20".

Como mencionado acima, é necessário se concentrar nas tarefas mais importantes durante as suas horas mais produtivas. Antes de falarmos sobre isso, é importante definirmos o que se entende por tarefas "mais importantes". Uma das melhores maneiras de fazer isso é com o princípio 80/20. Este é um princípio inicialmente observado por Vilfredo Pareto (e, por isso, também conhecido como o princípio de Pareto). Pareto disse que 80% dos resultados são obtidos a partir de 20% de seus esforços. Isto significa que a maior parte de seu sucesso vem apenas de um punhado de tarefas que você faz.

Para ter os melhores resultados, você deve primeiro identificar suas tarefas 80/20. Quando se trata de um negócio estas são as atividades que geram renda. Isto poderia ser diferente para cada pessoa, por isso não deixe que os outros definam as suas tarefas 80/20.

Passo 3: Aprenda a delegar e a dizer "não".

Provavelmente você se sinta tentado a fazer tudo por sozinho. Afinal, a maioria de nós tem recursos limitados para contratar ajuda. Mas contratar ajuda, especialmente em áreas onde você não é o melhor, lhe deixa livre para se concentrar em seu "ponto doce" e em atividades que mais ninguém pode fazer como você.

Pode haver algumas tarefas que não possam ser delegadas, ou porque você não tem o orçamento ou porque não consegue encontrar uma pessoa qualificada. Se for esse o caso, então é importante determinar se a tarefa realmente precisa ser realizada ou não. Se não precisar, elimine.

Também é importante aprender a dizer "não" quando apresentados a uma oportunidade que não se encaixa com o que você sabe que é melhor para você. Dizer não pode ser difícil, especialmente se você for complacente, mas é essencial se você quer ficar no seu "ponto doce".

Passo 4: Se concentre em uma coisa.

O princípio 80/20 é um bom lugar para começar, mas temos de ir mais longe. Você precisa determinar a "única atividade" mais importante. Esta atividade deve ser o foco principal do seu dia de trabalho.

Passo 5: Recupere o seu tempo de trabalho.

Se você tem um emprego tradicional seu chefe poderia definir suas tarefas prioritárias. Nesta situação você tem que fazer o que outros (por exemplo, os seus supervisores) consideram mais importante. No entanto, você pode ser capaz de abordar seu chefe com um plano detalhado com as suas tarefas mais importantes. Se você explicar como você administra o tempo para aumentar a sua produtividade e beneficiar a empresa, você provavelmente pode conseguir um pouco mais de liberdade para definir suas próprias prioridades.

Por exemplo, quando eu ainda tinha um emprego tradicional era difícil terminar as coisas por causa das frequentes interrupções que ocorriam durante todo o dia. Eu sabia que eu poderia fazer mais coisas se eu dispusesse de um tempo sozinho, por isso propus a seguinte solução para o meu patrão: havia alguns escritórios que não estavam ocupados em uma ala do edifício onde não circulava muitas pessoas. A minha proposta foi ter autorização para trabalhar nas tarefas mais importantes um dia por semana em um escritório "secreto" que somente o meu chefe saberia qual era.

Segue um plano de ação para maximizar a sua produtividade:

Ação 1: Identificar seus períodos de máxima produtividade. Durante uma semana tome nota dos momentos do dia em que você se sentir mais enérgico e mais produtivo. Se você não tiver certeza, pense no dia em que você concluiu mais trabalho e em que hora do dia foi.

Ação 2: Identificar a sua "única atividade" Examine os seus objetivos para determinar a atividade n ° 1 que produz os melhores resultados. Poderia ser fazer chamadas de vendas, consultoria a cliente, escrever ou criar conteúdo para o seu site, etc.

Ação 3: Criar um programa em torno dessa atividade. Em primeiro lugar, se concentre em completar a atividade mais importante quando você está no seu máximo nível de energia. Para algumas pessoas vai ser na primeira hora da manhã, para outros será no período da tarde ou à noite. A chave aqui é passar o máximo do tempo na atividade que é fundamental para alcançar seus objetivos.

Em seguida, use o resto do seu dia de trabalho para as outras atividades, ou seja, 80% das tarefas (menos importantes). Se ao final do dia, você não tiver tempo suficiente para completar todas as tarefas, ficará tranquilo por que só deixou de fazer atividades que não são fundamentais para o seu sucesso.

Ação 4: Iniciar o dia com uma pergunta importante. Pergunte a si mesmo: "O que, dentre tudo que tenho para fazer, eu tenho que fazer hoje para que este dia seja um sucesso?".

O mais provável é que seja o que você escolheu como a "única atividade", mas às vezes pode ser uma tarefa diferente que seja urgente. Seja o que for, o fato de completa-la permitirá que você termine o dia com um sentimento de realização.

Reduza as atividades sem sentido

Uma coisa que distingue as pessoas de sucesso dos "aspirantes" é que as pessoas bem-sucedidas compreendem o valor de se concentrar nas coisas que realmente importam. Isso muitas vezes significa reduzir distrações e eliminar os hábitos que o prejudicam. Por exemplo, é pouco provável que uma pessoa bem-sucedida passe várias horas por dia assistindo televisão.

Agora, também é verdade que às vezes é preciso fugir do stress, e assistir televisão ou ler um romance são ótimas maneiras de fazê-lo. Todos necessitamos desse escape de vez em quando. O problema surge quando sua vida está repleta de muitas atividades sem sentido e você tem uma quantidade limitada de tempo para trabalhar em seus objetivos. Você pode reduzir a distração das seguintes maneiras:

1. Estabeleça limites para atividades recreativas

Não precisa eliminar completamente as atividades de lazer, mas deve reduzi-las a um nível que não afete o cumprimento das coisas importantes. Uma maneira de tirar o máximo proveito destes momentos é estabelecer limites específicos, como por exemplo, não ver mais de uma hora de televisão por dia.

2. Realize atividades de lazer como recompensa para um dia de trabalho duro

Outra opção é usar as atividades de lazer, como recompensa por ter trabalhado duro. Por exemplo, o único momento que me permito ver televisão é depois de eu ter concluído o trabalho de um dia inteiro. Normalmente, isso equivale a, no máximo, duas horas por dia.

3. Faça ajustes de acordo com o momento atual

Há momentos em que provavelmente precisamos de mais pressão para terminar o seu trabalho. Por exemplo, se você está lançando um novo produto ou abrindo seu primeiro negócio é possível que você esteja muito ocupado e não tenha muito tempo para atividades de lazer.

Eis um plano rápido para reduzir o desperdício de tempo:

Passo 1: Por umas duas semanas controle o tempo que você gasta em atividades diferentes. Por exemplo, o tempo que você gasta trabalhando em tarefas mais importantes e quanto tempo gasta em atividades não essenciais, como assistir televisão ou ficar navegando em suas redes sociais. Você pode usar um aplicativo para o seu Smartphone para manter este registro ou se você trabalha em um computador, você pode usar o software RescueTime (versão gratuita) que vai dar um feedback sobre o tempo que você gasta em cada atividade.

Passo 2: Se você observar que está perdendo uma quantidade desproporcional de tempo em atividades improdutivas, como assistir televisão (por exemplo, de três a quatro horas por noite), tome a decisão de reduzir o seu consumo, pelo menos pela metade. Isso soa brutal, mas a melhor estratégia é realmente decidir o que você vai assistir.

Passo 3: Considere blocos de tempo para trabalhar e blocos de tempo para se divertir. Se você passar muito pouco tempo em atividades de lazer, você pode querer dar algum tempo para assistir a um show 1 ou 2 vezes por semana.

Passo 4: Escolha alguns programas que você quer ver ou romances que quer ler. Então reserve um tempo em sua agenda. No entanto, é importante que não os faça até completar as tarefas mais importantes.

Maximize os "tempos mortos"

É muito importante abraçar a aprendizagem ao longo da sua vida e se concentrar na melhoria contínua. Vamos admitir que muitas vezes é difícil encontrar tempo para estar na vanguarda e aprender novas habilidades. A boa notícia é que existem focos de "tempos mortos" durante todo o dia. Você sabe, aqueles momentos do dia que são desperdiçados em atividades sem sentido. Alguns duram apenas alguns minutos, enquanto outros podem levar 15 minutos ou mais. Durante estas janelas de tempo você pode aprender muito e impulsionar seu negócio.

Antes de prosseguir, precisamos reconhecer que todos precisamos de tempo a sós para pensar, meditar e simplesmente relaxar. Para ser claro, quando falamos de uma pessoa bem-sucedida não falando de alguém que vive como uma espécie de máquina que não faz pausas. No entanto, você pode se beneficiar muito ao usar o tempo morto.

A seguir estão alguns exemplos de "tempos mortos":

Dirigir é um excelente momento para ouvir audiolivros educativos ou podcasts relacionados com a sua área ou ouvir qualquer outro material que pode ajudá-lo a melhorar em outros aspectos do seu negócio.

Você pode sentir que não tem tempo suficiente para se manter em dia com novas informações. Felizmente, a maioria dos carros modernos são equipados com a tecnologia que você precisa para reproduzir áudio diretamente de seu telefone celular. Esta tecnologia pode facilmente transformar o seu tempo de condução em um momento de aprendizado.

Cozinhar é outra atividade muito boa para o tempo de aprendizagem. Minha esposa muitas vezes tem o seu telefone ou computador no balcão da cozinha quando cozinhar. Durante esse tempo, ela escuta podcasts e assiste vídeos educativos no YouTube.

Quando você está dirigindo (ou está em um voo) você pode ler, escrever, ouvir podcasts ou assistir vídeos.

5 ferramentas para maximizar os seus tempos mortos

Você pode maximizar o tempo de inatividade com estas cinco ferramentas:

1. Smartphones

Os Smartphones são, provavelmente, uma das melhores ferramentas comumente usadas quando se trata de maximizar o tempo de inatividade. Estes dispositivos são geniais porque você pode acessar todos os tipos de conteúdo, e é provável que tenha o dispositivo com você na maior parte do tempo. É também o eixo central para acessar as quatro seguintes ferramentas.

2. Aplicativos de lista de tarefas

FALAMOS sobre a importância de fazer listas de projetos. Um bom lugar para armazenar é em uma lista de tarefas de um aplicativo, como Evernote. Durante o tempo morto, pegue a sua lista e completar tarefas pequenas que são importantes, mas não são urgentes.

Se preferir um método um tanto fora de moda, liste as tarefas em um cartão e mantenha o cartão em sua carteira.

3. Aplicativos de Podcasts

Faça uma busca em seu Smartphone e você vai encontrar diversos aplicativos para ouvir podcasts ou programas de rádio por Internet. A maioria dos aplicativos permitem que os usuários se inscrevam e baixem os seus podcasts favoritos para o telefone para que você sempre tenha algo para escutar, mesmo que não esteja conectado à internet.

4. Aplicativo Kindle

Provavelmente você já sabe que o Kindle torna mais fácil ler livros em quase qualquer Smartphone, PC ou dispositivo Kindle. Com o Kindle você sempre tem acesso a material para leitura.

5. Cursos on-line

Hoje, você pode aprender quase tudo em sites como Udemy.com ou Lynda.com. Se você quiser que o seu negócio on-line cresça, eu tenho certeza que você vai encontrar um curso adequado em um desses sites.

Quer fazer melhor uso dos tempos mortos? Aqui tem um plano de ação para começar:

Ação 1: Nesta próxima semana faça uma lista de todos os tempos mortos que você identificar. Pense cuidadosamente sobre esses pequenos blocos de tempo (cinco a dez minutos cada) que normalmente você gasta jogando CandyCrush.

Ação 2: Crie um plano para a utilização desses tempos de forma eficaz. Instale aplicativos em seu telefone para acessar material educativo quando você estiver longe de casa, baixar podcasts, adicionar livros para o seu aplicativo Kindle e artigos relacionados a sua área.

Ação 3: Defina metas para o que você vai conseguir, durante os tempos de espera. Por exemplo, você pode definir a meta de ouvir um livro por semana ou ouvir uma série de podcasts por semana. Definir uma meta pode motivá-lo a adquirir o hábito de usar o seu tempo de forma mais eficaz.

Captura de ideias

Se você já começou a implementar os hábitos apresentados até agora, há uma possibilidade de que sua mente esteja cheia de novas ideias.

A base é que todos nós somos constantemente bombardeados com ideias. As melhores ideias parecem vir do nada, muitas vezes, enquanto fazemos exercícios, tomamos banho ou nos asseamos, ou quando estamos dormindo.

Você provavelmente não tem escassez de ideias que poderia brindar você com um enorme sucesso. Essa é a boa notícia. A má notícia é que, assim que as ideias vêm também vão, e muitas boas ideias se perdem se não forem captadas de forma alguma.

Além do mais, de acordo com efeito Zeigarnick, todas as ideias que você quer executar ou tarefas incompletas ocuparão a sua mente até que você tome algumas medidas para realizá-las. As ideias que saltam em sua mente podem impedir que você esteja completamente concentrado em suas tarefas atuais. Em certo sentido, elas irão seguir você até que faça algo com elas.

A solução é desenvolver o hábito de capturar ideias no momento em que elas surgem. Assim você vai libertar sua mente para trabalhar em suas tarefas atuais, sem interrupção. Também pode construir um rico bando de dados de ideias de produtos, estratégias de marketing e outros aspectos importantes do seu negócio.

Pode parecer bobagem anotar cada pequena ideia, mas praticar este hábito permitirá que você tenha sempre novas estratégias para o seu desenvolvimento pessoal.

Aqui apresento a você algumas maneiras de capturar ideias:

- Esta é uma opção de baixa tecnologia. Sempre leve com você um pequeno caderno.
- O Evernote é uma excelente opção para capturar ideias fazendo uso da tecnologia. Há uma versão gratuita para Mac, PC e Smartphone. O genial sobre o Evernote é que você pode capturar as suas ideias em diversos formatos (gravações de voz, imagens, recortes de Web e anotações escritas). Posteriormente o Evernote sincroniza

automaticamente suas notas entre todos os seus dispositivos.

- O Outlook tem uma aplicação de notas onde você pode gravar suas ideias e atribuir diferentes categorias, contatos, etc. Esta é uma boa opção se você usa o Outlook para gerenciar o seus e-mails, calendário e tarefas.

Não importa o sistema que você usa, a chave é usar de forma consistente e se certificar de capturar todas as suas ideias em um único local.

O hábito de capturar ideias não é difícil. Basta aplicar o seguinte plano de ação:

Ação 1: Escolha o seu método favorito para capturar e organizar as ideias. Você pode precisar experimentar mais de um para encontrar o que funciona melhor para você. A coisa importante a lembrar é que qualquer uma das opções acima funcionam, por isso não complique para encontrar a melhor.

E se não sabe qual método usar, use apenas um caderno, pequeno o suficiente para levar com você todo o tempo. Você sempre pode usar um sistema mais elaborado um pouco mais para a frente.

Ação 2 Adquira o hábito de anotar todas as ideias que vêm à mente. Não se iluda pensando que se lembrará depois. Basta escreve-las o mais rápido possível.

Ação 3: Verifique suas ideias semanalmente. Se você é desorganizado, então esta é a hora de colocá-las em uma ordem lógica. Determine as ideias que você quer implementar em breve, de preferência dentro do próximo trimestre.

Ação 4: Criar um plano para as ideias que você quer implementar imediatamente. Primeiro identifique os passos, coloque-os em seu calendário e comece a trabalhar nelas.

Abrace o poder do "Não"

Embora existam muitas causas subjacentes para não cumprirmos nossas metas e compromissos, uma das principais é dizer "sim" quando você deveria ter dito "não". Neste caso, você se sobrecarrega de compromissos que não pode cumprir. Em outros casos, você pode dizer que "sim" para tarefas que realmente não quer fazer, de modo que acaba atrasando ou fazendo um trabalho ruim.

Uma coisa importante a considerar é que "não" não tem que ser uma palavra ruim. Pode até ser uma forma de mostrar respeito pela outra pessoa, especialmente se há uma possibilidade de não fazer um bom trabalho.

Aqui estão algumas maneiras de dizer "não" e seguir mantendo relações comerciais positivas.

1. Não seja complacente

Se você tem dificuldade em dizer "não", pode ser que seja muito complacente ou simplesmente não queira desapontar as pessoas.

O interessante nisso é que é mais provável que desaponte as pessoas se concordar em fazer coisas que você não sabe ou não pode fazer. Isso pode ser muito mais prejudicial do que dizer "não" desde o início.

2. Seja firme com os "pressionadores de botões"

Algo para se manter em mente é que algumas pessoas

sabem como pressionar os botões e fazer você se sentir culpado quando você diz "não". Por exemplo, eles podem dizer que você os decepciona, porque não fará o que você pediu. Eles vão dizer coisas como "realmente contava com você para fazer isso".

Embora seja bom reconsiderar as implicações, você deve estar ciente se você está, ou não, sendo manipulado. Isto é especialmente verdadeiro se você tem um relacionamento contínuo com a pessoa e há um padrão de manipulação estabelecido.

3. Determine as suas prioridades

Uma das melhores maneiras de avaliar um pedido é olhar metas a longo prazo e, em seguida, filtrar a solicitação para ver se encaixa ou não em seus objetivos. Por exemplo, se você quer se tornar um líder em seu setor, você pode fazer tutoriais, aceitar entrevistas, etc. Se você quiser ser um verdadeiro líder, você pode precisar fornecer os seus conhecimentos para os outros de forma gratuita por um tempo limitado.

A chave é se certificar de dizer sim primeiro para as coisas mais importantes, de acordo com suas prioridades.

Dizer "não" não faz de você uma pessoa egoísta. Na verdade, você pode ser uma pessoa generosa. Lembre-se que cada vez que você disser sim para algo, em essência, você está dizendo não para outra coisa que pode ser mais importante.

4. Livre-se de maus acordos anteriores

Se você adotar o hábito de fazer o que está escrito neste capítulo, você raramente vai dizer sim quando deveria ter dito não. No entanto, se isso acontecer, existem algumas maneiras de lidar com isso.

Se é um compromisso de uma única vez, você provavelmente deveria simplesmente fazê-lo e aprender com seu erro, em vez de quebrar sua promessa.

Se o compromisso é contínuo, então é melhor se retirar, tão graciosamente quanto possível, o mais rápido possível.

Por exemplo, a minha esposa cometeu o erro de trabalhar no início do seu negócio com clientes que não eram o melhor para ela. Ela passou mais de um ano trabalhando com um cliente que causou estresse desnecessário. A desvantagem é que este cliente representava aproximadamente 40% do seu rendimento, de modo que se sentia presa no relacionamento comercial.

Quando ela finalmente renunciou, teve a chance de trabalhar com outro cliente com o qual não se sentia bem, mas por causa da grande perda de renda ela disse que sim, embora seus instintos diziam que deveria dizer não. Neste caso, no entanto, ela rejeitou a nova oferta no dia seguinte em vez de ficar em uma situação em que não se sentia bem. Obviamente ela fez com tato e as desculpas necessárias fazendo o cliente saber que ela não era a pessoa certa para o trabalho e recomendou outros que poderiam ser uma boa escolha.

Embora tivesse sido melhor rejeitar o compromisso desde o início, pedir desculpas rapidamente e voltar atrás foi uma melhor escolha do que estar em uma situação ruim por vários meses.

Como converter a arte de dizer não em um hábito regular? Aqui estão algumas ideias para começar:

Ação 1: identifique os seus objetivos pessoais e profissionais. Releia diariamente para saber instintivamente que ofertas são mais adequadas para você.

Ação 2: Encontre tempo em sua agenda para rever seus objetivos.

Ação 3: Evite dizer sim a um pedido de imediato. Em vez disso, prometa pensar em alguém para substituir você no prazo de uma semana. Seja simples e direto.

Antes de dizer sim a um pedido, considere se corresponde ou não aos seus objetivos. Também dê uma olhada em sua agenda para ver se você tem tempo para concluir a solicitação da melhor forma.

CONCLUSÃO

Chegamos ao fim e aprendemos o que são os hábitos, como superar a procrastinação, como criar e modificar qualquer hábito em sua vida e pequenas mudanças de hábitos para vencer o medo, superar a preguiça e ser uma pessoa altamente produtiva. Neste ponto, você tem diferentes opções, por isso é normal que você esteja se perguntando *"Por onde eu começo?"*.

Eu recomendo que você faça o seguinte para tomar uma decisão. Primeiro pense sobre o maior obstáculo que você está enfrentando para alcançar seus objetivos. Nós todos temos coisas diferentes que nos impedem de avançar como gostaríamos. Existe alguma coisa que te mantém acordado à noite devido a ansiedade que causa em você? Se assim for, este é o melhor ponto para começar.

Em seguida, leia de novo o livro e confira as diferentes opções que você tem para resolver esse problema específico. As probabilidades são de que, ao adotar uma das pequenas mudanças de hábitos você já possa começar a superar este desafio.

Alguns hábitos exigem uma mudança completa em sua rotina diária, enquanto outros requerem apenas alguns minutos por dia. Meu conselho é começar com as "pequenas vitórias" e progredir a partir daí. Os hábitos e técnicas que você escolher dependem inteiramente de você, mas se concentre nas ações que terão um impacto imediato sobre os seus resultados.

Agora você percebe que a procrastinação não é um problema relacionado com a inteligência ou um certo tipo de personalidade. Se trata de controlar de forma consciente as relações de dor e prazer, e superar a preguiça. Você percebe que você pode controlar a maioria dos ambientes que mais o capacitam e você também pode controlar as perguntas que se faz. Além disso, você sabe que está no comando de seu próprio painel de controle motivacional. Só você tem a capacidade de mudar suas emoções, seus hábitos e sua vida.

É importante lembrar que a mudança não acontece da noite para o dia. Concentre-se em pequenas mudanças que você pode facilmente incorporar em seu estilo de vida e manter durante um período de tempo. Ao converter estas pequenas mudanças em hábitos você vai se tornar mais eficaz e, com o tempo, nem mesmo vai percebe-los. Eles vão se converter em sua segunda natureza.

Não vai ser fácil e haverá muitos dias em que você vai querer desistir. Programe um alarme no calendário do seu Smartphone e em um mês volte a ler este livro, e se lembre do motivo que levou você a comprá-lo. Pense na motivação que o impulsionou.

Nunca é tarde demais para criar a vida que você quer viver. Tudo que você precisa é a coragem e a vontade de melhorar a cada dia. A aplicação destas informações tem funcionado na minha vida e estou certo de que irá funcionar na sua também.

Peço a você que aprenda tudo o que puder sobre cada pequeno hábito. Se concentre no que faz sentido para a sua vida, mas igualmente, considere o resto. Você vai descobrir que o que você faz diariamente muda de semana em semana. Esta é uma parte natural do processo de sucesso chamado de evolução.

Desejo o melhor para você.

SOBRE O AUTOR

Steve Allen é um pseudônimo que comecei a usar quando comecei a escrever sobre minha vida no meu blog pessoal, como uma espécie de terapia. Eu fiz isso porque eu queria manter um véu de anonimato, e eu prefiro manter assim. Talvez já tenhamos atravessado a mesma rua ou mesmo nos encontramos pessoalmente, e isso me emociona muito. Sempre escrevi sobre as ferramentas e técnicas que usei pessoalmente para alcançar o tipo de sucesso que almejei na minha própria vida e é isso que compartilho em meus livros.

Tenho me dedicado há mais de 12 anos a observar o comportamento humano e descobri que de todas as qualidades que caracterizam a pessoa de sucesso, o mais importante são seus padrões de pensamento e sua atitude. Instituições de prestígio como a Universidade de Harvard, a Carnegie Foundation e o Stanford Research Institute mostraram que apenas 15% das razões pelas quais uma pessoa tem sucesso em suas vidas pessoais e profissionais tem a ver com suas habilidades técnicas e conhecimento profissional, enquanto os outros 85% têm a ver com seus padrões de pensamento, seu nível de motivação e sua capacidade de entrar em ação. E é exatamente isso que eu ensino.

Alguns dirão que falar sobre desenvolvimento pessoal é vender fumaça, e ainda mais se você usar um pseudônimo, mas me deixe assegurar que tudo o que compartilho com vocês me levou de ser uma pessoa solitária vivendo na casa dos meus pais, para viver no meio da natureza, em um verdadeiro paraíso na terra, com a mulher dos meus sonhos, com uma vida social agradável, e com uma situação financeira que eu não tenho que levantar todas as manhãs para trabalhar para outra pessoa. Vou parar de fazer o que me trouxe todas essas coisas, de ajudar os milhares de leitores que me seguem, por que alguém que acha que tem um intelecto superior tenta mostrar o quão errado eu estou por não estar usando meu nome real? Eu acho que não.

Quero deixar isso claro, quero que saibam que chegaram aos meus livros por uma razão, e que o universo quer te dar um empurrão para despertá-lo para o seu verdadeiro potencial, para libertá-lo e para entrar espetacularmente em sua vida. No meu trabalho compartilho minhas estratégias de pensamento para que você possa começar a desenvolver a partir desse momento uma atitude mental que vai levá-lo ao sucesso, então eu quero convidá-lo a tomar um lugar na primeira fila como meu convidado de honra, enquanto eu te guio através desta jornada de descoberta sobre seus pensamentos, sua atitude mental e seu êxito.

Nos vemos em breve!